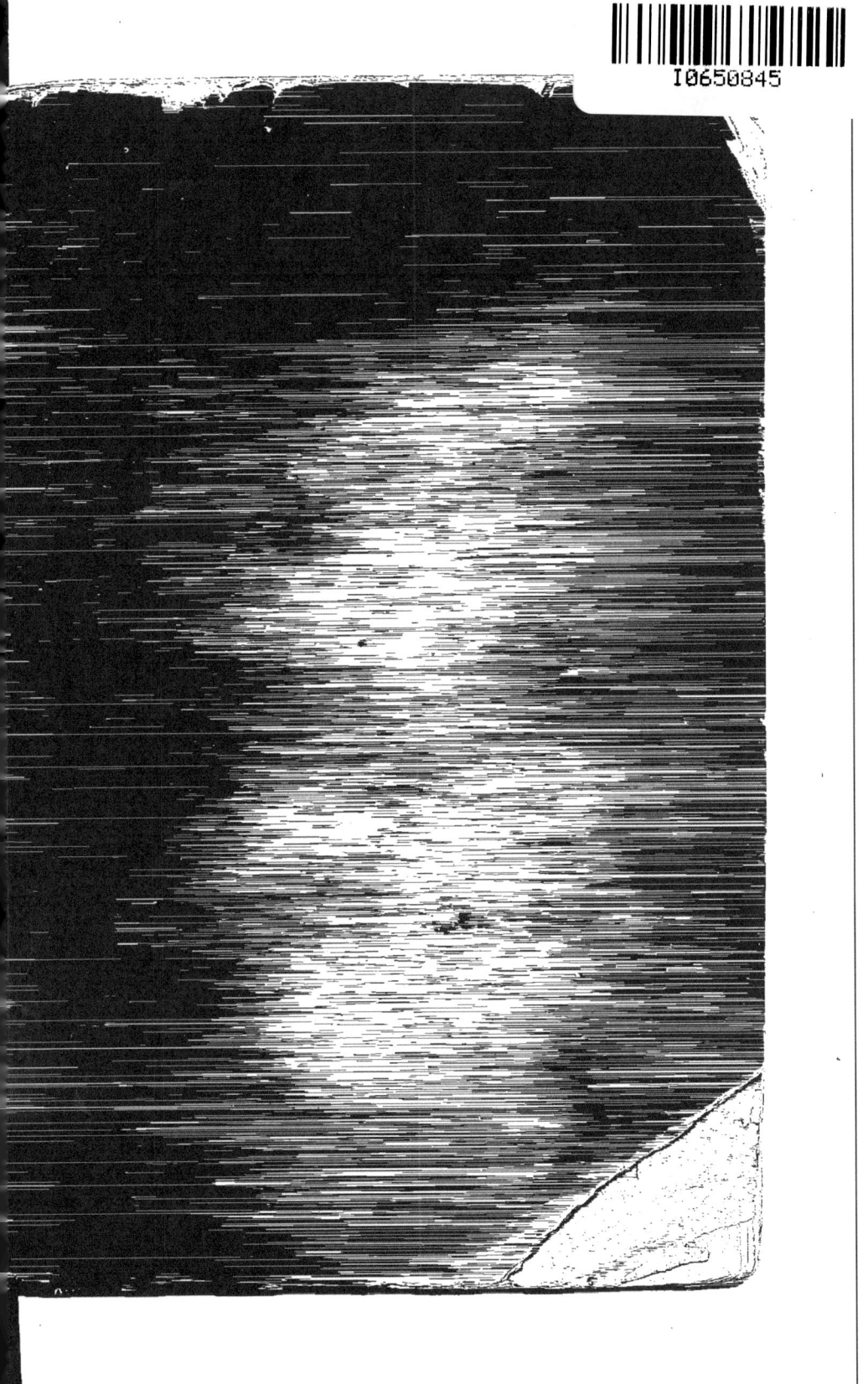

I0650845

MARIUS FONTANE

DE LA

MARINE MARCHANDE

A PROPOS DU

PERCEMENT DE L'ISTHME DE SUEZ

DEUXIÈME ÉDITION

AUGMENTÉE D'UNE CARTE GÉNÉRALE DU CANAL DE SUEZ ET DES PLANS
DE PORT-SAÏD, ISMAÏLIA ET SUEZ.

> L'entreprise de renouveler en Égypte l'ancien canal creusé par les rois, et rétabli ensuite par Trajan, et de rejoindre ainsi le Nil à la mer Rouge, est digne des siècles les plus éclairés.
>
> VOLTAIRE (*Essai sur les mœurs*).

> Il ne s'agit plus seulement de mettre en communication le Nil avec la mer Rouge, mais bien de percer, en ligne directe, de la Méditerranée à la mer Rouge, une immense tranchée; de créer, en un mot, un véritable Bosphore.
>
> FERD. DE LESSEPS (*Conférence à Marseille*).

PARIS

LIBRAIRIE DE GUILLAUMIN ET Cie

Éditeurs du Journal des Économistes, de la Collection des principaux Économistes,
du Dictionnaire de l'Économie politique,
du Dictionnaire universel du Commerce et de la Navigation, etc.

RUE RICHELIEU, 14

1869

DE

LA MARINE MARCHANDE

A PROPOS

DU PERCEMENT DE L'ISTHME DE SUEZ

SAINT-DENIS. — TYPOGRAPHIE DE A. MOULIN.

MARIUS FONTANE

DE LA

MARINE MARCHANDE

A PROPOS DU

PERCEMENT DE L'ISTHME DE SUEZ

DEUXIÈME ÉDITION

AUGMENTÉE D'UNE CARTE GÉNÉRALE DU CANAL DE SUEZ ET DES PLANS
DE PORT-SAÏD, ISMAÏLIA ET SUEZ.

> L'entreprise de renouveler en Égypte l'ancien canal
> creusé par les rois, et rétabli ensuite par Trajan, et de
> rejoindre ainsi le Nil à la mer Rouge, est digne des
> siècles les plus éclairés.
> VOLTAIRE (*Essai sur les mœurs*).
>
> Il ne s'agit plus seulement de mettre en communi-
> cation le Nil avec la mer Rouge, mais bien de percer-
> en ligne directe, de la Méditerranée à la mer Rouge,
> une immense tranchée; de créer, en un mot, un vérita-
> ble Bosphore.
> FERD. DE LESSEPS (*Conférence à Marseille*).

PARIS

LIBRAIRIE DE GUILLAUMIN ET Cie

Éditeurs du **Journal des Économistes**, de la **Collection des principaux Économistes**
du **Dictionnaire de l'Économie politique**,
du **Dictionnaire universel du Commerce et de la Navigation**, etc.

RUE RICHELIEU, 14

1869

AVANT-PROPOS

Le percement de l'Isthme de Suez devait produire une révolution dans les usages de la navigation marchande. Le cap de Bonne-Espérance, dont la découverte avait enlevé à l'Égypte tout le trafic qu'elle concentrait dans ses entrepôts, se verra détrôné, à son tour, par le canal unissant les deux mers. Il n'est pas supposable qu'un navigateur préférera choisir, pour se rendre au but de son voyage, la route la plus longue. N'y aurait-il, par le canal de Suez, comparé à la route du Cap, qu'une économie *certaine* de dix jours de navigation que le succès de la voie nouvelle serait assuré. Cette affirmation ne fera naître aucun doute dans l'esprit de ceux qui savent l'inconstance des flots et les dan-

1

gers imprévus, rapides, foudroyants, qui menacent
sans cesse les navigateurs.

Que sera-ce donc lorsque les marins, prêts à
sortir de Liverpool, se verront en face de deux
routes les conduisant au même but; l'une mesurant 5,900 lieues (de Liverpool à Bombay, par le
Cap), l'autre mesurant 3,050 lieues (de Liverpool
à Bombay, par le canal de Suez). Peut-on supposer
qu'un capitaine hésitera devant une économie réelle
de 2,850 lieues ?

Prêt à quitter Marseille pour Bombay, le capitaine hésitera-t-il à économiser 3,276 lieues? Cette
proportion chiffrée représente, en effet, la différence de parcours, suivant que le navigateur prendra, pour un voyage de Marseille à Bombay, la
route du cap de Bonne-Espérance ou la route du
canal de Suez.

On a souvent publié un tableau de la différence
des distances dont bénéficieront les navires qui
prendront la voie du canal de Suez. Ce simple
tableau, dressé par les soins de M. Ferdinand de
Lesseps, est l'un des arguments qui frappent le
plus l'esprit et dont la seule lecture dispense de

toute discussion : Nous ne pouvons éviter de reproduire ce travail en tête des nombreux documents
que nous avons pu recueillir sur le sujet que nous
étudions. Le choix de Bombay, comme terme de
comparaison, est heureux puisque Bombay est
placé, pour ainsi dire, au milieu du grand Océan
indien.

INDICATION DES Ports d'Europe et d'Amérique.	DISTANCES		DIFFÉRENCE.
	Par le Cap.	Par le Canal.	
Constantinople........lieues.	6,100	1,800	4,300
Malte....................	5,840	2,062	3,778
Trieste..................	5,960	2,340	3,620
Marseille................	5,650	2,374	3,276
Cadix...................	5,200	2,224	2,976
Lisbonne................	5,350	2,500	2,850
Bordeaux................	5,650	2,800	2,850
Le Havre................	5,800	2,824	2,976
Londres.................	5,950	3,100	2,850
Liverpool...............	5,900	3,050	2,850
Amsterdam..............	5,950	3,100	2,850
Saint-Pétersbourg........	6,550	3,700	2,850
New-York...............	6,200	3,761	2,439
Nouvelle-Orléans.........	6,450	3,724	2,726

L'économie de temps, et par suite d'argent,
dont bénéficieront les navigateurs en utilisant le

passage qui leur sera ouvert à travers l'Isthme de Suez est telle, qu'elle nous dispense de relever, encore une fois, les quelques arguments que certains adversaires essayèrent longtemps d'opposer à l'entreprise. D'ailleurs, ces arguments ne se reproduisent plus. Pour ne citer que le plus important : l'expérience de ces seules dernières années a déjà suffi pour prouver que la navigation était moins difficile, pour les steamers, dans la mer Rouge que dans la plupart des mers dont on se défie le moins ; et la rade de Port-Saïd, visitée par plus de 3,000 navires portant plus de 500,000 tonneaux depuis l'origine des travaux de creusement du canal, c'est-à-dire depuis six années, est maintenant reconnue comme excellente. Des jetées ont été construites, trois bassins intérieurs ont été creusés ; enfin, actuellement, sept compagnies de navigation à vapeur exploitant la mer Méditerranée ont fait de Port-Saïd l'une de leurs échelles régulières ; ce sont : la Compagnie des services maritimes des Messageries impériales, la Société générale des transports maritimes à vapeur, la Compagnie marseillaise, Marc Fraissinet et fils, la Compagnie Bazin, la Compagnie russe de navigation et de commerce, une Compagnie espagnole et le Lloyd autrichien ; soit, mensuellement, 26 steamers à l'entrée et 26 à la sortie.

En réalité, tout le monde est d'accord pour reconnaître que la navigation par la mer Méditerranée, le canal maritime de Suez et la mer Rouge, sera moins périlleuse que la navigation par l'océan Atlantique et le cap des Tempêtes pour les navires qui auront à se rendre dans l'océan Indien.

Il reste donc, au profit de la voie par le canal de Suez, une économie de temps énorme ; et si l'on songe à la quantité de périls de toutes sortes, ou tout au moins de chances diverses d'insuccès que contient chaque jour de navigation pour le marin et pour l'armateur, quelle ne sera pas l'évaluation des bénéfices réels qui résulteront d'une navigation tellement abrégée?

Un seul argument est encore opposé au succès *immédiat* du canal de Suez. Sans y croire, nous devons le relater. Cette argument est celui-ci : « Tant vaut l'homme, tant vaut l'action. — Tant vaut le marin, tant vaut la navigation. — Les marins sont habitués à la route du Cap; il leur faudra un certain temps pour se décider à prendre la route de l'Égypte. » En d'autres termes : « La *routine* s'opposera pendant quelque temps à la rapide révolution maritime que devrait produire l'ouverture du canal de Suez. »

Cet argument ne serait pas sans valeur s'il s'agissait de conseiller aux marins tel changement de peu d'importance à apporter dans leurs anciens usages de navigation. On trouverait facilement, en effet, dans l'histoire de la marine marchande, bien des faits qui viendraient à l'appui de cette appréciation. Mais ici de quoi s'agit-il? Il s'agit d'ouvrir une nouvelle voie maritime qui abrégera de *plus de la moitié, en moyenne,* la voie ancienne. L'intérêt est par trop évident. Et si les capitaines n'apprécient pas suffisamment, et assez vite, les avantages du percement de l'Isthme de Suez; les armateurs, eux qui paient les dépenses de la navigation, sauront bien les convaincre.

Aucun doute n'est possible, on le voit, sur les bons résultats du percement de l'Isthme.

Cependant, la révolution maritime qui se produira dès l'ouverture du canal sera d'autant plus profitable au commerce universel, à la marine marchande, et aussi à la Compagnie du canal de Suez, que les navigateurs seront prêts à user de la nouvelle voie dans toutes les conditions propres à leur en assurer les bénéfices les plus complets. Il ne suffit pas, à l'approche d'un pareil événement, de se décider à en profiter : il faut encore, il faut surtout *se préparer* pour en recueillir immédiatement, dirons-nous volontiers, tout le fruit qu'on peut en attendre.

Notre marine marchande, la marine marchande française, telle qu'elle est organisée actuellement, peut-elle se dire prête à jouir en entier des avantages de la nouvelle voie? Toute la question est là.

Et qu'on ne s'y trompe pas! Dans cette lutte pacifique que se livreront toutes les marines du monde, au nom de la libre concurrence, le vainqueur certain sera celui qui arrivera le premier, tout armé, sur le champ du combat.

Si l'on regarde vers le passé, si l'on consulte, pour se faire une opinion, les faits consacrés par l'histoire maritime, on reconnaît que *la force des*

choses l'emportera nécessairement sur la négli-
gence ou l'ignorance des marins, et que la révolu-
lution s'opérera dans le meilleur sens, malgré les
hésitations qui pourraient en entraver l'essor. La
concurrence d'abord, la stimulation internationale
ensuite, seront des aides puissants. Les marins
français, généralement consciencieux, habiles,
instruits, mais hésitants, ne se conformeraient-ils
pas aux exigences de la révolution opérée que
l'exemple de leurs voisins, les marins anglais, ne
tarderait pas à les entraîner et à les pousser dans
la voie où d'autres les auront devancés mais où
ils ne tarderont pas à mériter et à conquérir la première place par la sûreté de leur navigation et la
conscience de leur commerce.

Il faut le dire franchement, la marine marchande française n'a pas encore pu se défaire
complétement de ce respect exagéré des traditions
qui est quelquefois très-nuisible au progrès. Il est
difficile, nous le reconnaissons, à un marin toujours accablé des soucis de son rude métier, de
réfléchir froidement aux avantages que lui vaudrait l'adoption de tel changement survenu dans la

manière de naviguer. Il s'est fait une existence en rapport avec les opinions reçues ; il a préparé son avenir sur des *données* qui lui ont été transmises, et il n'a pas toujours le courage de renoncer aux leçons si laborieusement apprises, pour suivre une voie entièrement nouvelle qui hâterait cependant l'heure de l'accomplissement de ses vœux de fortune. Pendant qu'il hésite, d'autres (de nouveaux-venus), libres de toute tradition, de tout lien, s'emparent des progrès réalisés, et la concurrence vient ruiner l'espoir de celui qui, se croyant plus sage, n'a pas osé suivre le courant.

La marine marchande a le malheur d'être en même temps une industrie livrée à toutes les fluctuations, forcée de se transformer sans cesse, et un art lié aux leçons, à l'expérience des navigateurs qui ont parcouru leur carrière. L'industrie maritime ne peut prospérer qu'à la condition de suivre le progrès activement; l'art maritime, au contraire, l'art de la navigation ne peut se soutenir qu'à la condition de se conformer aux lois de prudence depuis longtemps établies. Ces deux *conditions*, si différentes, si éloignées, doivent être sévè-

1.

rement remplies par le même individu : le marin. Il faut une intelligence d'élite pour savoir discerner entre ceci et cela; pour ne pas se tromper quant à la ligne de démarcation qui sépare l'art du métier.

Pour lutter contre cette fatalité malheureuse, les Américains ont leur audace; les Anglais, leur tenacité... Les Français, par leurs qualités mêmes, par leur consciencieuse prudence, ont été longtemps comme dans une sorte d'infériorité.

La marine marchande française peut, si elle le veut, prendre la première place parmi les nations maritimes : Il faut qu'elle s'instruise davantage. La lucidité et la vivacité de l'esprit français produiraient des merveilles, si les marins de la France connaissaient l'économie de leur métier comme ils en connaissent et en pratiquent les devoirs.

Le moment est bien choisi, croyons-nous, pour conseiller aux marins français de s'instruire et de se préparer à profiter pleinement de la révolution maritime qui va s'opérer par le percement de l'Isthme de Suez. En effet, quel port plus que le port de Marseille peut se dire favorisé par le grand-œuvre qui va s'accomplir? Quelle nation peut se dire mieux placée que la France pour bénéficier largement de l'avenir que réserve au commerce maritime l'ouverture du Bosphore égyptien?

Et quand nous disions qu'en s'instruisant les marins de la France deviendraient les premiers marins du monde, nous avions une preuve à donner : depuis que des hommes de savoir se sont occupés de navigation, depuis que, le grand principe d'association formant des compagnies, ces hommes ont mis leur instruction au service des armateurs et des actionnaires, quel rang n'a pas conquis la France? Peut-on citer des services maritimes mieux organisés que les services des Messageries impériales, des Paquebots transatlantiques et de la Société générale des transports maritimes à vapeur?

Le percement de l'Isthme de Suez se sera justement accompli à une époque où la marine marchande subissait la plus douloureuse des crises.

L'alarme des navigateurs français fut telle en 1860, que le gouvernement dût ordonner une enquête pour étudier les causes d'un mal universellement signalé.

Nous verrons, par cette étude, contre quelles difficultés lutte l'industrie des transports maritimes; peut-être dirons-nous les causes de ce malaise évident; peut-être aussi pourrons-nous apercevoir et indiquer ce qu'il faudrait tenter, ce qu'il faudrait faire, pour donner à la marine marchande universelle, et notamment à la marine marchande française, cette impulsion vigoureuse, saine, raisonnée qui la jettera dans la large voie du progrès réel.

Dans tous les cas, nous le répétons, l'heure est bien choisie pour étudier le passé et le présent de la marine marchande, et prévoir, autant que cela est possible, son avenir.

Il est heureux que cette crise maritime se soit justement produite à la veille de la révolution commerciale que va consommer le percement de l'Isthme de Suez.

Nous diviserons cette étude en deux parties principales :

1° État de la marine marchande actuelle ;

2° Avenir de la marine marchande.

Dans la première partie, nous étudierons les

conditions actuelles d'existence de la marine marchande et cette étude nous conduira à rechercher
de quelle manière les navigateurs pourraient se
préparer à jouir pleinement des avantages du percement de l'Isthme de Suez.

DE
LA MARINE MARCHANDE

A PROPOS

DU PERCEMENT DE L'ISTHME DE SUEZ.

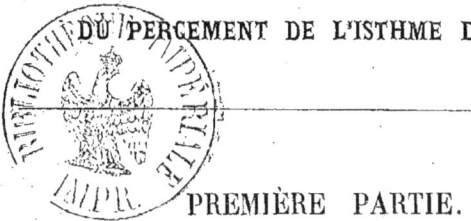

PREMIÈRE PARTIE.

État actuel de la Marine marchande.

I

DE L'INDUSTRIE MARITIME EN GÉNÉRAL.

Lorsque, le 23 janvier 1860, le gouvernement français inaugura cette période de liberté commerciale devant conduire à la liberté absolue des transactions, les industriels-commerçants s'effrayèrent d'abord de leur isolement, se voyant, pour la première fois, livrés à leurs seules ressources pour assurer le succès de leurs affaires. Il en est qui

acceptèrent cette situation. D'autres, très-nom-
breux, se défiant d'eux-mêmes, trouvant fort
commode l'ancien système qui leur assurait la protection d'un gouvernement, s'élevèrent contre les
promoteurs de l'ère nouvelle et réclamèrent non-
seulement le maintien des choses existantes, mais
encore un surcroît de droits protecteurs.

De toutes les industries atteintes, l'industrie de
la navigation fut peut-être celle qui se montra la
plus alarmée. Les armateurs portèrent la question
à la hauteur d'une question politique.

La tendance libérale adoptée par le gouvernement français en 1860 ne fut pas une innovation;
mais, au moins en ce qui concerne la liberté de
l'industrie des mers, une nouvelle application de
ce que les économistes de 1791 avaient inauguré.

Le 15 mai 1791, l'Assemblée constituante pro-
mulguait un tarif par lequel « aucune réserve
« n'était stipulée en faveur de la marine fran-
« çaise. » Ce régime n'eut pas le temps de faire
ses preuves. L'intelligente activité du caractère
français n'eut pas le temps de prendre son essor

dans la carrière nouvellement ouverte devant lui :
Deux ans après cette proclamation de la liberté de
la navigation commerciale l'on retombait dans le
système de la protection, les nouveaux législateurs
copiant, pour en faire une loi française, *l'acte de
navigation* adopté par Cromwell en 1651. La
France déclara qu'elle n'entendait protéger que ses
marins et ses armateurs.

Des lois nouvelles, luttant contre les usages
admis, subissant chaque jour des transformations,
se heurtant aux réclamations des nations maritimes rivales de la France, éludées, compromises,
souvent condamnées par la force des choses, con-
duisirent à un tel désordre que, malgré la protection dont ils jouissaient, les armateurs,
en 1814, élevèrent la voix pour réclamer l'intervention énergique et éclairée du gouvernement
français en faveur d'une industrie qui avait le
mérite, alors très-apprécié, de fournir des marins à
l'État et qui dépérissait.

C'est en avançant plus encore dans le régime de
la protection que l'on apaisa les clameurs des marins : Des surtaxes frappèrent le transport de

certaines marchandises et les droits différentiels furent promulgués. Par ces droits, les marchandises étaient taxées d'après la longueur de la route parcourue, du port de départ au port d'arrivée, par le navire qui les transportait.

Ces mesures apparurent avec un mérite de nouveauté qui réduisit les armateurs au silence en attendant qu'ils en eussent expérimenté les fruits.

En 1820, nouvelles réclamations des armateurs : un droit de jaugeage frappa les navires étrangers faisant concurrence aux navires français. Comme les autres mesures de protection, cette dernière ne fit pas la fortune des armateurs. L'application même de ce droit protecteur fut une source nouvelle d'embarras. Comment fixer ce droit de jaugeage? Chaque nation avait un système de jaugeage spécial. On essaya, on tenta d'unifier les mesures de jaugeage. Cet excellent résultat, que réclament incessamment tous les économistes et tous les administrateurs commerciaux, n'est pas encore atteint. On en revint aux surtaxes, pour les augmenter. Il en fut qui égalèrent, qui dépassèrent même la totalité du fret.

Toutes les mesures de protection étaient usées. Dans ce cercle vicieux on tourna jusqu'en 1860, et malgré tout ce luxe de précautions, de vexations pour la marine étrangère, en 1860 la marine française, protégée à outrance, saisissait encore toutes les occasions de signaler la situation « déplorable » dans laquelle elle se trouvait.

En 1860, comme en 1820, comme en 1814, les armateurs réclament de nouvelles mesures. Mais, en 1860, une satisfaction éphémère ne pouvait plus être donnée aux réclamants, car le traité de commerce avait proclamé l'avénement d'une ère de la liberté commerciale, et il fallait, au risque de se donner un démenti, appliquer le même principe à l'industrie maritime. Sortir du cercle étroit de la protection, forgé par la tradition, et lutter librement, au nom des grands principes proclamés par l'assemblée du 15 mars 1791, tel devint le but désigné.

Une enquête sur la marine marchande fut ordonnée, et c'est en démontrant la nécessité de cette enquête au souverain, que M. Rouher écrivit, après avoir exquissé l'historique des protec-

tions accordées à l'industrie maritime : « Les
« avantages concédés à notre marine, et qui
« étaient la conséquence du système de protec-
« tion dont on voulait entourer toutes les indus-
« tries du pays, ont été contre le but qu'on s'était
« proposé. »

Nous n'avons pas à reproduire ici les arguments
si souvent invoqués en faveur de la liberté des
industries; mais nous avons cru utile, pour plus
de clarté, de rappeler par quelle suite d'efforts
impuissants la France a essayé de venir en aide
à sa marine marchande par des moyens artificiels.

Ce rapide résumé historique nous a conduit à
l'année 1860 qui sera le *terme* de nos calculs, de
nos tableaux, de nos relevés statistiques dans
toute cette première partie de notre travail, nous
réservant d'examiner ensuite, comme preuve con-
cluante, si la période qui va de 1860 à nos jours
confirmera nos déductions.

L'état de malaise dans lequel se débat la marine
marchande française dans la période historique que
nous avons envisagée est incontestable. Les réclamations périodiques des armateurs ne laissent au-

cun doute à ce sujet. Et cependant, de 1848 à
1858, en dix ans, dernière période décennale
connue en 1860, l'accroissement décennal proportionnel de l'effectif de la marine marchande
française est de 53 °/₀ tandis que l'accroissement
proportionnel, décennal, pendant la même période, de la marine marchande anglaise n'est que
de 38 °/₀ (**b**) [1].

Prenant un autre point de comparaison : l'accroissement de la navigation internationale, de
1849 à 1858, en neuf ans, est pour la France de
96 °/₀; pour l'Angleterre, de 59 °/₀ (**e**).

Cette proportion se manifeste encore si l'on
compare l'accroissement du commerce général de
1840 à 1860 : Il est pour la France de 159 °/₀ et
pour l'Angleterre de 102 °/₀ (**f**).

La marine marchande et le commerce anglais se
présentent donc avec un accroissement proportionnel inférieur comparé à l'accroissement maritime et commercial de la France. L'Angleterre
n'est par conséquent pas dans une meilleure situa-

----

[1] Les lettres intercalées dans le texte (a, b, etc.) renvoient aux
tableaux statistiques placés à la fin du volume.

tion que la France, quant au développement de son commerce et de sa marine.

Et cependant, l'industrie des mers, en France comme en Angleterre, se débat dans une véritable crise. Pourquoi?

La navigation augmente, le nombre des ton-neaux transportés augmente aussi, les marchan-dises se pressent aux ports d'embarquement, de vastes champs de production et de consommation sont nouvellement ouverts aux échanges, l'aug-mentation progressive de la valeur totale des mar-chandises importées et exportées accuse un grand progrès commercial, et cependant l'industrie ma-ritime périclite; on construit moins de navires en 1860 qu'en 1841. La France lançait 1,886 na-vires en 1841; elle n'en a construit que 1,194 en 1860. L'Angleterre lançait 1,860 navires en 1841; elle n'en a construit que 1,691 en 1860 (**g**). Est-ce que la capacité des navires construits en 1860 est plus grande que celle des navires construits en 1841, et que par conséquent la proportion décroissante est sans valeur? Les 1,886 navires construits par la France en 1841 jaugeaient ensemble 103,880 tonneaux, tandis que les 1,194 construits en 1860 ne jaugeaient que 64,256 tonneaux. Quant à l'Angleterre : les 1,860 navires qu'elle lançait en 1841 jaugeaient 301,166 tonneaux et les 1,691 qu'elle a construits en 1860 jaugeaient 316,386 tonneaux. Il y a, pour l'Angleterre, une légère augmentation, mais elle est bien minime comparée à l'accroissement total du commerce et des échanges par mer (**g**).

C'est que l'industrie maritime, à bout de ressources, use de tous les expédients. Les armateurs surmènent leurs navires, ne leur laissant aucun repos, compromettant les chargements en faisant naviguer les coques jusqu'à ce qu'elles refusent tout service, multipliant enfin outre mesure les opérations pour obtenir un résultat.

Ce n'est donc pas le commerçant, ce n'est pas le producteur, ni le consommateur qui sont comme dans une impasse : c'est le transporteur, c'est le marin, c'est, en un mot, l'armateur qui n'est plus en situation de prospérer.

Qu'est-ce que l'armateur? L'armateur est tout simplement, en l'état actuel des choses, cet ancien entrepreneur de roulage qui avait des chevaux dans son écurie, des voitures dans sa remise, et dont le métier consistait à transporter de Paris à Marseille, par exemple, ou de Paris à Lille, suivant la destination des marchandises qui lui étaient confiées, une certaine quantité de ballots et de voyageurs. La voiture de l'armateur c'est le navire; les chevaux, c'est l'équipage... Seulement la route est plus vaste, moins sûre : la mer!

Quelle différence! L'entrepreneur de roulage payait sa patente et transportait toutes marchandises au nord ou au sud, suivant le désir du négociant, et il mesurait exactement le nombre de kilomètres à parcourir pour établir son prix. L'armateur ne sait jamais le nombre de milles que son navire devra franchir pour arriver au port de destination, et suivant les points où il jettera l'ancre, en route, pour relâcher ou s'approvisionner de vivres, il paiera un droit d'ancrage et des frais accessoires doubles ou triples suivant que le pavillon qui flotte à son mât sera français, anglais, américain, etc.

Les deux grandes et principales périodes de

l'industrie des mers peuvent être dès aujourd'hui définies. De même que la construction de la première locomotive a été comme l'arrêt de mort du dernier charriot, de même le lancement du premier bateau à vapeur a été l'arrêt de mort du dernier navire à voiles. Longue et pénible aura été la lutte, mais inévitable, nous le verrons, est le résultat.

Que fut l'industrie maritime et quelle est-elle?

Les Phéniciens inaugurent l'industrie des transports maritimes. Tyr et Sidon deviennent des ports commerciaux importants. Salomon équipe des flottes pour transporter les produits de divers pays. Alexandre fonde Alexandrie qui devient l'entrepôt général des marchandises échangées entre l'Orient et l'Occident. L'Égypte est province romaine. Palmyre se forme en étape commerciale : la concurrence s'établit entre les transports maritimes et les caravanes pour le commerce indien. Mahomet vivifie l'Arabie, et les Arabes, maîtres de l'Égypte et de la Perse, s'emparent du mouvement commercial, allant s'établir jusqu'en

Chine. Les Génois et les Vénitiens dépouillent les Arabes de leur monopole commercial. Florence crée *La Banque*, et puissante par cette innovation, réclame, avec succès, sa part des bénéfices commerciaux. Florence a la gloire d'avoir demandé, la première, la liberté commerciale. Les pirates de la Baltique sont attirés par l'exemple, et la ligue anséatique formée, crée l'entrepôt de Bruges où s'échangent les produits du nord de l'Europe et ceux de l'Orient. Vers le milieu du xve siècle, l'Angleterre entre dans la lice : elle envoie des navires dans la Méditerranée. La France et l'Allemagne imitent l'Angleterre. L'élan est donné. L'Europe tout entière s'émeut; de nouveaux essais de navigation se font chaque jour : c'est une activité prodigieuse, incroyable. Venise semble, alors, défier tous les concurrents. Mais Colomb découvre le Nouveau-Monde, Vasco de Gama double le cap de Bonne-Espérance, et Venise est détrônée. Lisbonne règne. Alors, l'Angleterre, déjà manufacturière, va s'établir en Portugal, et de même qu'elle avait ruiné le commerce de la Hollande, elle tente de se substituer aux Portugais. Colbert rêve pour la France le triomphe commercial de l'Angleterre et prépare activement l'avenir. Les marines française et anglaise deviennent rivales. Depuis, cette pacifique rivalité ne cesse de se produire au grand jour, d'accomplir des merveilles.

Connaître la marine commerciale des deux grandes nations européennes c'est connaître la marine du monde. Les émules furent et sont nombreux. Parmi tous, le plus entreprenant est ce républicain né d'hier qui a déjà conquis le droit de se mesurer à ses maîtres. La marine marchande des États-Unis, en 1845, présentait un tonnage équivalent à la moitié du tonnage anglais; en 1860, les deux chiffres sont presque les mêmes (h).

La rapidité avec laquelle s'accroît le mouvement commercial maritime ne se dément pas un seul instant. C'est comme une progression forcée. Soit que l'on consulte l'accroissement comparé de la navigation internationale ou l'accroissement comparé du commerce général, on est émerveillé des développements énormes que prend chaque année l'importance du mouvement commercial et maritime.

En 20 ans (de 1840 à 1860) la France voit son commerce général augmenter dans la proportion de 159 $\%$.

L'Angleterre, de 102 $\%$.

Les États-Unis, de 202 $\%$.

La Belgique, de 177 $\%$.

L'Autriche, de 154 $\%$.

La Russie, de 73 $\%$ (f).

La navigation internationale s'accroît, de 1849 à 1858, en 9 ans, pour la France, de 96 $\%$.

Pour l'Angleterre, de 59 $\%$.

Pour les États-Unis, de 56 $\%$ (e).

Enfin, l'accroissement de la navigation générale est, de 1840 à 1860, en 20 ans, pour la France, de 83 $\%$.

Pour l'Angleterre, de 161 $\%$.

Pour les États-Unis, de 266 $\%$.

Pour la Belgique, de 188 $\%$.

Pour l'Autriche, de 240 $\%$.

Pour les Pays-Bas, de 20 $\%$.

Pour la Russie, de 141 $\%$ (i).

Est-il possible que de pareils éléments de prospérité tournent au détriment de ceux qui sembleraient devoir en obtenir le plus large bénéfice? Est-il possible que cet immense développement commercial et maritime appauvrisse justement ceux qui en sont les agents indispensables? Est-il possible, en un mot, que cet accroissement commercial coïncide avec la ruine de ceux dont le commerce ne peut pas se passer : les transporteurs maritimes?

Pendant que le commerce et la navigation augmentent, les navires diminuent (relativement) et les armateurs se ruinent? Il existe donc un vice radical dans l'économie des entreprises de transports maritimes? dans les systèmes admis et employés?

Deux seuls systèmes sont pour ainsi dire actuellement en présence l'un de l'autre, qui se partagent les marchandises à transporter : 1° les navires à voiles ; 2° les navires à vapeur.

Il nous faut étudier dans quelles conditions se trouvent placés les transports à voiles et les transports à vapeur.

2.

II

DE LA MARINE A VOILES.

Il paraît impossible, à qui voit un navire à voiles chargé de marchandises quitter le port, qu'un système quelconque de transport puisse parvenir jamais à le remplacer. Cette opinion fut longtemps dominante dans le monde commercial. S'il est généralement admis, maintenant, que dans certaines circonstances la marine à voiles est d'un emploi désavantageux, bien des esprits persistent à lui assigner un rôle éternel. Il est évident qu'un examen superficiel des conditions de la navigation à voile frappe l'esprit si puissamment que l'on est tenté de considérer comme une duperie un examen plus prolongé, et surtout une comparaison avec tout autre système de transport. Cette impression, longtemps et généralement ressentie, aura certainement été, en France surtout, une des principales causes qui ont nui au progrès de l'industrie des transports maritimes.

Ce navire, aux larges flancs, bondé de marchandises, si solide et en même temps si léger qu'une brise le fait se mouvoir, si facile qu'un équipage de quelques hommes suffit pour le conduire, qui ne *consomme* rien autre chose que la nourriture de ses conducteurs, comment lui opposer le chemin de fer dont la construction est si coûteuse et l'entretien si grand? comment lui opposer le roulage avec ses chevaux? et surtout comment lui opposer les bateaux à vapeur avec leurs chaudières insatiables, etc.? Nous l'avons dit, l'esprit se refusait même à entrevoir comme possible une concurrence quelconque.

C'est au milieu de cette douce quiétude que les armateurs ont été surpris par deux faits qui les ont étonnés. Le premier, tout pratique; le second, pour ainsi dire, tout théorique : le cabotage à voiles, si certain de son succès, se vit tout d'un coup absorbé par les chemins de fer; puis l'on assista à ce spectacle inattendu de bateaux à vapeur venant à leur tour, et avec succès, faire concurrence aux chemins de fer. Telle est la situation actuelle. Il suffit de l'énoncer : le petit cabotage anglais et français se voit forcé, de plus en plus chaque jour, de céder la place aux navires à vapeur.

Le fait théorique qui fut une rude leçon pour les armateurs surpris, sortit, incontestable, de l'enquête sur la marine marchande provoquée ne 1860 par ceux-là même qui s'étaient laissé surprendre. Des relevés soigneusement faits, il ressortit ce fait : que la France, qui possédait en 1840 15,511 navires à voiles, n'en possédait plus que 14,228 en 1850 et n'en avait, en 1860, que 14,608. C'est-à-dire qu'en trente ans l'effectif de la marine à voiles en France, bien loin de suivre l'immense développement de son commerce, se chiffrait en déficit.

L'Angleterre ne se présentait pas en un tel état d'infériorité : elle possédait, en 1840, 21,883 navires à voiles ; en 1850 : 24,799, et en 1860 :

25,663, augmentation dérisoire comparée à l'accroissement énorme de son commerce.

L'Autriche, avec Venise et Trieste, ces pépinières de marins, accusait une plus forte décadence : elle possédait, en 1839, 5,723 voiliers — elle atteignait, en 1849, le chiffre de 6,083, pour retomber, en 1859, à un effectif de 3,275 navires à voiles (k).

Le résultat était désormais incontestable : Les chemins de fer avaient détruit le petit cabotage sur les côtes de France et d'Angleterre et les bateaux à vapeur avaient porté un coup décisif à l'industrie des armateurs.

Cette même décadence se trouvait confirmée par le fait d'une diminution désastreuse dans la construction des navires à voiles. Pour ne citer que 'Angleterre, ce grand chantier de construction : l'Angleterre qui avait lancé 1144 voiliers en 1844, n'en construisait que 818 en 1860 (1).

Et si l'on considère que dans le total de la construction des navires à voiles entre, tout naturellement, la série très-nombreuse des barques de pêche ou autres qui remplissent les ports et durent si peu, relativement, on jugera de quelle valeur fut cette révélation pour les armateurs.

Suivant les lois ordinairement acceptées des conditions commerciales, on aurait pu déduire de ce fait cette consolation : que le métier de transporteur maritime allait devenir d'autant plus lucratif que la diminution du nombre des navires, positivement constatée, se produisait en même temps que l'accroissement du mouvement commercial. Il n'en a pas été ainsi : la décadence de la navigation à voiles ne s'est pas arrêtée, pas plus que l'accroissement du mouvement commercial, et la situation des armateurs est devenue telle que l'un d'eux, s'adressant au ministre, s'exprimait ainsi dans l'enquête : « Le fils d'un armateur français, *exceptionnellement enrichi* dans le commerce de mer, devient rentier, agronome, tout, *excepté armateur*. » Est-il possible de citer une plus déplorable preuve de décadence ?

C'est en examinant dans tous ses détails la condition d'existence actuelle d'un navire à voiles que l'on s'explique cette situation.

Il est simple d'exposer cette vérité, à savoir :

Que pour maintenir une industrie dans les conditions de bénéfices où elle se trouve à un temps
donné, il est indispensable que cette industrie soit
capable de se constituer de plus en plus économiquement, de suivre, en un mot, le progrès. La
navigation à voiles, dès le premier jour de son
entrée en campagne, avait, pour ainsi dire, forcé-
ment réalisé son idéal. Le moteur ne lui coûtait
rien : le vent. La route devait toujours rester la
même. L'art de la construction pouvait promettre
des améliorations ; mais de quelle importance pouvaient être ces améliorations? telle nouvelle forme
augmentant la vitesse? tel nouveau gréement faci-
litant les manœuvres? Le seul élément important
d'économie ne devait donc porter que sur les éléments principaux de dépenses, soit : 1° les frais de
la construction ; 2° les frais d'entretien ; 3° les frais
d'équipage : nourriture et traitements. Or, ce n'est
pas diminution, mais augmentation de dépenses
que l'avenir réservait aux armateurs. Tous ces
divers frais ne pouvaient qu'augmenter. Et en effet,
la construction est plus chère, parce que les fers et
les bois augmentent progressivement, et la valeur

des hommes a toujours été de plus en plus élevée.

Le coût de construction d'un navire à voiles varie suivant le port où est installé le chantier, c'est-à-dire suivant la proximité ou l'éloignement des matières à employer, bois ou fer, et aussi suivant le prix de la journée des ouvriers constructeurs.

Ce prix varie aussi suivant la capacité du navire. Le prix diminue, proportionnellement, à mesure que la capacité du navire s'approche de 5 à 600 tonneaux. Mais il augmente considérablement si l'on s'éloigne de ce chiffre pour arriver jusqu'à 1,000 et 1,500 tonneaux. Il convient de remarquer dès à présent cette condition défavorable : Si la navigation à voiles dépérit, c'est que le prix payé à l'armateur pour le transport d'un certain nombre de marchandises ne lui donne pas un total suffisamment rémunérateur, un total qui ne représente pas ses frais d'équipage, d'amortissement, etc. S'il fait construire un navire plus grand, il peut bénéficier sur ses frais d'équipage qui n'augmentent pas en proportion; mais ses frais de construction ayant été relativement beaucoup plus grands, il y a presque compensation : c'est une impasse.

On calcule ordinairement le prix de construction d'un navire en divisant le prix total par le nombre de tonneaux qu'il jauge, et l'unité de dépense d'un tonneau est la base d'évaluation. Ce prix, ainsi que nous l'avons dit, varie suivant les chantiers.

Marseille et le Hâvre construisent pour 470 fr. par tonneau.

Bordeaux et Nantes pour 450 fr.

Dunkerque, Saint-Malo, Dieppe et les ports du Nord pour 440 fr.

Bayonne et Lorient pour 400 fr.

L'Angleterre construit à peu près aux mêmes conditions, un peu plus cher cependant : de 450 à 500 fr.

Boston, Baltimore, Philadelphie et New-York, de 350 à 400 fr.

La Prusse, la Norwège, le Danemark, la Russie, la Sardaigne, les ports du Levant et de l'Archipel livrent des navires, *sans doublage*, pour 200,180 et même 110 fr. le tonneau.

Enfin le Canada vend des navires desquels le du prix tonneau est plus bas encore.

3

Ces divers prix pourraient faire croire que la concurrence des chantiers garantit aux armateurs les conditions les plus favorables. Mais il faut savoir que l'industrie de la navigation n'est pas ainsi livrée à toutes les licences d'une concurrence qui tournerait bien vite à la destruction des marins par les mauvaises conditions de construction plus ou moins bien dissimulées. Il en est des chantiers comme des haras, des navires comme des chevaux. Chaque *naissance* est inscrite sur un livre officiel, et des experts autorisés *cotent* le navire construit. Sa durée est ainsi limitée d'avance, et la chance de bonne arrivée au port des marchandises confiées au navire, la chance d'arrivée du navire lui-même pouvant être exactement calculés, la redevance de transport, le fret est diminué et l'assurance, tant du navire que de la marchandise, augmente. Si donc, d'un côté, le prix de construction est inférieur dans certains chantiers, les frais annuels d'amortissement et d'assurance augmentent presque dans la même proportion, etc.

Chaque navire doit pour être assuré et même pour obtenir *un permis de navigation, au moins* en

France et en Angleterre, être construit d'après certaines séries de règles définissant les divers détails de construction ; il est ensuite coté par le Lloyd ou le Veritas suivant la série de règles adoptées. Tous ne sont pas cotés, mais tous doivent nécessairement être construits dans certaines conditions pour pouvoir sortir du port avec des *papiers en règle*. La limite de la cote n'est fixée qu'à la condition que des *visites régulières* permettront de constater que le navire n'a pas souffert et mérite la même cote après certaines réparations courantes.

En un mot le prix moyen d'un navire à voiles, bien construit, coté de première classe, jaugeant de 450 à 700 tonneaux, est de 450 fr., se subdivisant comme suit :

Bois de charpente, mâture comprise. .	150 fr.	33 %
Fer.	74	16 1/2 %
Cuivre.	74	16 1/2 %
Voiles et gréement	58 ·	13 %
Menuiserie intérieure et frais divers. .	40	9 %
Main-d'œuvre.	54	12 %

450 fr. 100 %

En Angleterre, par exemple, le coût du fer se présenterait avec une notable diminution ; mais cette diminution serait compensée par l'augmentation de la main-d'œuvre.

En conséquence, un navire de 500 tonneaux coûte environ 225,000 fr.

Tel est le capital que l'armateur doit amortir.

Un navire à voiles construit dans les meilleures conditions dure, au maximum, quatorze ans. Ce maximum est de dix à douze ans si le navire double le cap de Bonne-Espérance. Il faudrait donc diviser le prix total du navire par quatorze, douze ou dix ans et l'on aurait l'amortissement annuel. Cette manière de procéder, mathématiquement juste, conduirait à la plus grande déception l'armateur qui en ferait la base de ses calculs, car après ses premières années de navigation, surtout s'il a doublé le Cap, le navire est si mal coté qu'il ne continue à naviguer qu'au prix des plus grands sacrifices.

Le calcul d'amortissement des armateurs sérieux est ainsi établi, pour la navigation ordinaire : 10 pour % pendant les cinq premières années (soit cinquante pour cent en cinq ans) 25 % pour les cinq autres années et 25 % pour les trois années suivantes. Si le navire double le cap de Bonne-Espérance l'amortissement est de 20 %, pour la première année ! — Si, dès que le navire est construit, l'armateur ne lui a pas assuré un voyage lucratif au delà du Cap, sa propriété est tellement diminuée après la première année de navigation qu'il en résultera pour lui une perte énorme. Et si le navire transporte certaines marchandises susceptibles de fermentation, telles que les grains, le guano, etc., il se détériore énormément.

Pour la marine de cabotage l'amortissement est plus considérable encore. En six ans le navire doit être amorti. Est-ce que ce fait ne serait pas suffisant pour expliquer la ruine complète du petit cabotage au profit de la marine à vapeur ? Certes, cette substitution fut vite opérée. Malgré la concurrence des chemins de fer, Nantes et Bordeaux ne trafiquent qu'au moyen de la vapeur avec l'Angleterre, les côtes de France, du Portugal et de l'Espagne. — Il en est ainsi des relations commerciales établies entre les ports français de la Méditerranée et les côtes d'Italie, d'Algérie, de Grèce, d'Égypte, de Syrie. Ce sont des bateaux à vapeur qui transportent presque toutes les houilles de Newcastle et de Sunderland dans la Tamise et aux divers ports du continent.

Le second élément dont les calculs sont bien faits pour inquiéter les armateurs, c'est l'entretien. On a calculé qu'en moyenne un navire à voiles était complétement refait au bout de 7 à 8 ans! Ce calcul est d'autant plus exact que le *Veritas* sort tout navire à voiles des cadres de première classe après 7 ans de navigation. Après 3 à 4 ans de navigation, il est indispensable de renouveler le doublage en cuivre, ce qui représente une dépense d'environ 24 à 25,000 francs. Si l'on ajoute le quantum annuel de 8 %, de la valeur du navire, toujours absorbé par les réparations forcées en cours de voyage, et si l'on compte la dépense totale de refonte du navire après ses 7 ou 8 années de navigation, dépense qu'on doit évaluer de 80 à 90,000 francs, on a les éléments de cette reconstruction, pour ainsi dire, du navire au bout de 8 ans au plus.

Or, ces calculs reposent sur la supposition d'un bon retour du navire dans un port de France et d'Angleterre... Que le navire soit envoyé des

Indes en Australie, d'Australie à San Francisco, de San Francisco aux Chinchas, qu'il reste ainsi 3 ans sans revenir en Europe? Que le navire soit arrêté et forcé de se transformer dans les Indes, par exemple, alors qui pourrait fixer le chiffre de la dépense?

Aux frais énormes d'entretien, aux exigences ruineuses de l'amortissement il faut encore ajouter les frais d'assurance. Ici la navigation à voiles est fatalement prise comme dans un étau. Aucune combinaison ne peut l'affranchir de cet impôt basé sur la condition même de son existence. L'assurance la plus basse, celle qui s'applique au voilier naviguant *dans les meilleures conditions* est de 6 % sans garantie des avaries et de 8 % avec cette garantie. Le cours ordinaire est de 7 % pour un navire neuf et de 10 % après 6 ans de navigation ; 12 % si le navire doit aller dans les mers de Chine ; 17 %, en hiver, dans la mer Noire, etc... En un mot le taux d'assurance moyen des voiliers naviguant dans des conditions ordinaires et n'ayant pas dépassé l'âge de 6 à 8 ans, est de 10 à 11 %. Il est inutile de donner le taux d'assurance des navires

vieillis : (c'est-à-dire ayant plus de 8 ans !) On cite-
rait des chiffres énormes.

Et que l'on ne voie pas dans ces frais d'assurance le résultat d'une entente entre les assureurs, maintenant dans leur intérêt des primes
exagérées. Malgré ces primes, les assureurs maritimes sont loin d'être considérés comme des entre-
preneurs favorisés. Deux faits le prouvent :
D'abord, les assureurs s'abstiennent toujours d'assurer un navire en entier, et ensuite, jamais *l'assurance mutuelle sur corps de navires* n'a pu s'introduire en France ; les Anglais seuls, et les Américains
ont *osé*, jusqu'ici, s'adonner à ce métier dangereux. Voici ce qu'écrivait, en 1860, M. de Courcy,
membre du conseil d'administration et directeur de
la Compagnie d'assurances maritimes à Paris, au
Ministre de l'agriculture, du commerce et de
travaux publics :

« En général, les assurances sur corps de navires
sont considérées, en France, comme *très-dange-
reuses, et elles donnent habituellement de la perte aux
assureurs* qui, loin de les rechercher, ne les accep-
tent qu'avec répugnance, par petites sommes et

comme une sorte de nécessité de la profession, laquelle ne leur permet pas de les refuser absolument. »

« Ils préfèrent toujours, ajoute le délégué de la chambre de commerce de Paris devant le conseil supérieur, les assurances sur marchandises et souscrivent sur les cargaisons des sommes quintuples environ de celles qu'ils prennent sur les navires. »

L'assurance des marchandises chargées sur les voiliers est encore un élément de défaveur pour l'industrie de cette navigation. Toutes les chances de pertes et d'avaries sont strictement calculées. L'assurance la plus simple varie entre 1 et 3 $^\circ/_\circ$. Cette diminution de la valeur de la marchandise chargée sur navire à voiles est un calcul important pour le négociant et par conséquent une importante difficulté pour le chargeur.

A cette dépréciation de la marchandise, supportée par le négociant, et qui retombe fatalement en contre-coup sur l'armateur, il convient d'ajouter cette autre très-importante dépréciation qui résulte du long voyage que fait la marchandise pour arriver à destination. Le chargement a une valeur;

3.

cette valeur est une avance du négociant; cette avance est un capital mort; lancé dans le tourbillon commercial, ce capital eût rapporté des intérêts? Il faut donc calculer l'intérêt perdu pendant tout le cours du voyage sur la valeur totale du chargement qui dort dans le navire. C'est encore là, pour le négociant, un appréciable élément de calcul qui grève la marchandise et retombe sur le chargeur.

Les frais d'équipage, loin de diminuer, augmentent d'année en année : C'est une dépense importante. Les équipages les plus chers sont sans contredit les équipages anglais.

Voici quelle est la dépense mensuelle d'un navire anglais de 1,000 tonneaux, de long cours, coté à la première classe :

1 capitaine. . . .	20 liv. sterl. =	500 fr. par mois.
1 premier lieutenant..	8 — =	200 —
1 deuxième lieutenant.	6 — =	150 —
1 charpentier.. . .	7 — =	175 —
1 steward. . . .	5 — =	125 —
1 cuisinier. . . .	4 — =	100 —
16 matelots. . . .	40 — =	1,000 —
Mousses.	10 — =	250 —
A reporter. .	100 liv. sterl. =	2,500 fr. par mois.

Report. . 100 liv. sterl. = 2,500 fr. par mois.
Nourriture de 36 hommes :
8 pences par jour, soit par mois. . . . . . 864 —

Total. . . 3,364 fr. par mois.

Les navires français ont un équipage plus nombreux, mais les salaires étant moins élevés il y a compensation.

Un navire français de 500 tonneaux de jauge navigue avec seize hommes d'équipage et dépense mensuellement :

Salaires.. . . . . 1,100 fr.
Nourriture.. 800

Total. . . . . 1,900 fr.

Les navires équipés le plus économiquement sont les navires hambourgeois :

1 capitaine.	112 fr.	50 c.	par mois.
2 seconds (ensemble).	157	50	—
1 charpentier.	63	»	—
1 cuisinier.	63	»	—
3 matelots à 45 fr. chacun.. . .	135	»	—
2 matelots à 31 fr. 50 c. . . .	63	»	—
Mousse.	18	»	—
	612 fr.	»	par mois.
Nourriture de 11 hommes à 16 fr. 50 par jour.	495 fr.	»	—
Total.	1,107 fr.	»	par mois.

Tels sont les principaux éléments de dépenses
desquels un navire à voiles ne peut s'affranchir :
amortissement énorme, frais de réparation ruineux,
existence limitée, assurances exagérées, conditions
de navigation onéreuses pour les marchandises, etc.

Pour faire honneur à ses affaires l'armateur
n'a qu'un élément de recettes : le fret ; et mille
éléments de dépenses. S'il perd un seul jour, les
frais d'amortissement, d'entretien, d'équipages, etc.
grèvent sa propriété : si les transports au long
cours manquent et qu'il soit forcé de recevoir
un chargement de cabotage, il lui faut lutter contre les chemins de fer et la navigation à vapeur ;
s'il part pour un voyage de long cours, quelle
somme de difficultés peut l'assaillir : les tempêtes
qui le détruisent et les calmes qui l'arrêtent en
pleine mer ! S'agit-il d'accomplir un voyage dans
l'Inde ? le navire part, arrive à destination et ne
peut revenir : il est forcé de se contenter d'une
intercourse dans l'Océan indien pour subvenir
à ses dépenses, en attendant qu'une occasion lui
permette de revenir au port de départ dans des
conditions acceptables. Ils sont rares les voiliers

qui effectuent, au delà du Cap, un voyage d'aller et de retour immédiat.

Pour lutter contre tant de causes d'infériorité que n'ont pas essayé les armateurs? Ils ont été jusqu'à diminuer le gréement pour avoir moins d'hommes à bord. Mais que pouvaient de pareilles économies comparées aux éléments de dépenses que nous avons énumérés?

« Il n'est pas une seule personne, déclarait M. de Courcy à M. le Ministre du commerce, en 1860, ayant pris comme placement un intérêt dans un navire qui ait eu à la longue à s'en féliciter... Je considère comme un fait incontestablement acquis, qu'en France l'industrie des armements ne peut pas être profitable en elle-même aux capitaux engagés. »

Ces conditions d'existence de la marine à voiles expliquent clairement cette diminution de constructions que nous avons signalée. Et nous avons vu, par le rapprochement des chiffres, que les plaintes des armateurs français sont les mêmes que les plaintes des armateurs anglais et autrichiens, lesquels constatent chez eux la même décadence.

Devant un pareil tableau on est tenté de se demander pourquoi les chantiers français, anglais,
autrichiens, américains, construisent encore des
navires à voiles. Les chantiers français, anglais,
autrichiens et américains construisent encore des
voiliers, parce que le transport des charbons aux
diverses stations de steamers leur fournit un fret,
et surtout parce qu'une industrie de cette importance qui se rattache à de si anciennes traditions
ne consent pas à abdiquer en un jour.

Or cette persistance que mettent encore quelques armateurs à construire des voiliers est l'élément d'une décadence plus rapide :

L'armateur n'est plus seulement un entrepreneur de transports; il sait parfaitement que la
ruine sera le dernier mot de son industrie. Il se
fait alors spéculateur et joue. Le navire n'est
plus que le moyen du jeu. Ce n'est pas qu'il se
contente d'être à la fois armateur et négociant,
compensant la perte du transport par le bénéfice
de l'opération commerciale, ayant une chance de
succès dans cette certitude d'avoir un navire
tout prêt. La spéculation porte sur le navire lui-

même. Le Canada, par exemple, fournit à des prix incroyables un trois-mâts tout gréé. Vite on lui confie un chargement, et s'il fait un seul voyage heureux l'opération a réussi. Après ce voyage, ou après un second (je parle d'un voyage au long cours), la dépense de construction est à moitié couverte, le navire essaie un troisième voyage ou bien va charger du charbon et part... à la grâce de Dieu. Dans ce cas, l'armateur a beaucoup de navires, vite payés, vite amortis, et le destin se charge du reste. En un mot, le navire à voiles n'est plus du tout un instrument de commerce, mais bien *un objet* de commerce : plus de réparations (le coût du navire ne les vaudrait pas), plus d'assurance (l'armateur s'assure lui-même : c'est un élément de jeu).

La navigation à voiles serait-elle encore dans une ère de relative prospérité que cette manière de procéder, on le comprend facilement, serait pour elle une cause de ruine. Que sera-ce donc lorsqu'un pareil état de choses est fatalement devenu le seul moyen de réaliser des bénéfices?

Il existe cependant une navigation sérieuse qui

essaie de lutter franchement et qui assure pour quelque temps encore au commerce la persistance d'un système de transport déchu :

C'est le rêve de tout marin d'être maître à son bord, de commander, de posséder un navire. Après de longues années de navigation, rudes dans l'exercice de leur métier mais en ignorant les conditions économiques, nombreux sont les capitaines qui s'associent pour faire construire un bâtiment. Ils en surveillent l'exécution, ils l'arment, ils le nomment, le lancent, le commandent et entrent dans la lice. Par des miracles d'économie et des contrats audacieux ils parviennent à réaliser quelques bénéfices et finissent presque toujours par vendre leur propriété. C'est l'artisan bénéficiant de son propre travail, mais ce n'est pas dans ces conditions que peut exister une marine universelle.

La construction des bateaux de pêche, voilà l'élément principal et sérieux du chiffre enregistré annuellement.

Si l'on retire des éléments de bénéfices que la navigation à voiles accepte dans ces calculs, le

jeu et le négoce, que reste-t-il? le fret. Or, comment opérer avec connaissance de cause sur un pareil élément? Nous avons vu que les dépenses se
maintiennent toujours dans une voie ascention-
nelle ; c'est le contraire qui se constate pour le fret.
En 1840 le fret de cabotage (de Marseille à Dunkerque, par exemple) était de 65 fr. environ et le
fret de long cours (pour les Antilles), de 120 à
150 fr. En 1860 ces mêmes frets avaient baissé
des 3/5e et pendant la même période les gages
des matelots et les frais de nourriture avaient
augmenté de 25 °/₀.

Et encore si le cours du fret, tout en baissant,
se maintenait pour ainsi dire dans une baisse progressive permettant à l'armateur de savoir d'a-
vance, au moins à peu près, la rémunération sur
laquelle il peut compter? Il connaîtrait sa réelle
situation et agirait en conséquence. Toute base de
calcul sérieux semble refusée à l'armateur. Aux
chances nombreuses, incalculables de la mer vient
fatalement s'ajouter l'incertitude la plus absolue.
Prenons pour exemple l'un des principaux éléments de transport des navires à voiles, *le jute ;*

le jute qui, par son peu de valeur, sera la dernière marchandise transportée par les voiliers. Cet exemple sera d'autant mieux choisi que le fret payé à Londres en novembre 1857 (3 liv. 16 s. 3 d.) est à peu près le même que celui payé en février 1860 (3 liv. » s. » d.). Entre ces deux époques si rapprochées (trois ans) que l'on juge des variations subies à Londres sur le fret du jute de Calcutta par tonnes de 5 balles :

1857. .	Novembre.. . .	3 liv.	16 s.	3 d.
» . .	Décembre.. . .	3	12	6
1858. .	Janvier. . . .	3	6	3
» . .	Février. . . .	2	17	6
» . .	Mars.	3	10	6
» . .	Avril.	2	17	6
» . .	Mai.	2	»	»
» . .	Juin.	2	»	»
» . .	Juillet.. . . .	1	12	6
» . .	Août.	3	6	3
» . .	Septembre. . .	1	13	9
» . .	Octobre. . . .	1	12	6
» . .	Novembre.. . .	1	12	6
» . .	Décembre.. . .	1	5	»
1859. .	Janvier. . . .	1	17	6
» . .	Février. . . .	2	5	»
» . .	Mars.	1	15	»
» . .	Avril.	1	12	»
» . .	Mai..	1	8	9
» . .	Juin.	1	12	6

1859.	.	Juillet.	.	.	.	.	2 liv.	» s.	» d.
»	.	.	Août.	.	.	.	1	10	»
»	.	.	Septembre.	.	.	1	7	6
»	.	.	Octobre.	.	.	.	1	12	6
»	.	.	Novembre..	.	.	1	15	»
»	.	.	Décembre..	.	.	1	16	3
1860.	.	Janvier.	.	.	.	3	17	6
»	.	.	Février.	.	.	3		

Comment asseoir une base sérieuse d'opération de transport sur un fret si mouvant? Et si l'on constate que le jute valait environ 500 francs la tonne de cinq balles en 1860 (au Havre, 21 liv.; à Bordeaux, 20 liv.; à Londres, 19 liv.; à Liverpool, 19 liv.) quelle perturbation cet *alea* du fret jette dans les opérations commerciales elles-mêmes. Il ne peut y avoir, de part et d'autre, pour l'armateur comme pour le commerçant, de la place que pour une spéculation.

L'écart est encore plus grand si l'on considère, comme exemple d'exportation, l'envoi du sel de Marseille à Calcutta. Ici, c'est le prix de la marchandise qui influe sur le prix du fret, et pour un tonneau de 1,000 kilogrammes de sel, qui vaut en moyenne 30 francs, un voilier voit le fret varier de 15 à 50 francs le tonneau.

Rien de stable, rien de certain, ni dans les conditions de navigation, ni dans les prix de transport ; des dépenses allant toujours en augmentant et des recettes subissant constamment des décroissances ; l'obligation de travailler toujours, sans relâche, avec la perspective d'une existence essentiellement limitée, tel est le lot de la marine marchande à voiles.

La même incertitude et la même instabilité quant à l'arrivée des marchandises, au prix de leur transport, à la durée de leur séjour en mer, tel est le lot du négociant qui charge un voilier.

Un tel système de transport transforme fatalement l'armateur et le négociant en spéculateurs.

Le commerce sérieux repousse tout ce qui, directement ou indirectement, le transforme en spéculation.

Tel est cependant le seul rôle que la force des choses ait laissé à la marine marchande à voiles.

III

DE LA MARINE A VAPEUR.

Si les *apparences*, cette fâcheuse cause d'appréciation pour la généralité des hommes, ont toujours plaidé en faveur de la navigation à voiles, la navigation à vapeur, au contraire, a longtemps lutté contre l'impression défavorable que ressentaient les armateurs à l'aspect de ces navires opposant les complications apparentes de la mécanique au secours des vents et des flots. L'esprit se refusait à admettre que l'adjonction à un vaisseau d'une machine, avec ses nécessités de combustible, de mécanicien et de chauffeurs, pouvait tourner à l'avantage du navire. Peut-être même que considérée comme un nouvel élément de danger ajouté à la somme des dangers redoutés par les navigateurs, *la vapeur*, substituée au vent, arrêta bien des projets d'essais. Tout le monde connaît l'insuccès persistant que rencontra longtemps auprès des hommes les plus aventureux — et parmi eux Napoléon Ier, — l'application de la vapeur à l'industrie maritime.

Ce fut comme engin de guerre que la navigation à vapeur parvint à entrer dans le domaine des faits, et malgré les services immenses rendus les préjugés persistèrent.

Ces tâtonnements fâcheux *n'ont plus qu'un intérêt historique* et n'entrent pas, par conséquent, dans le cadre de notre travail. Le monde commercial a la satisfaction de constater la fin de la période d'enfantement et de se réjouir à la vue des progrès accomplis.

Les hésitations des armateurs s'expliquent. L'élément nouveau était complétement en dehors de leurs connaissances ; ils ne pouvaient pas apprécier théoriquement ce problème mécanique, et encore moins, peut-on dire, se rendre sainement compte des résultats de l'application. Il fallait absolument qu'une nouvelle génération d'armateurs possédât en même temps les notions compliquées de la navigation ordinaire et la science de l'ingénieur. En attendant que cette génération fut instruite, la *machine* était et restait comme un mystère.

Et puis il ne sagissait plus de combiner de petites opérations ; il fallait s'élever à la hauteur du progrès accompli et prévoir des *affaires* qui fussent en rapport avec l'importance de l'invention. Il se produisait là le même phénomène qui se produit dans une industrie où l'application de la vapeur centuple le travail de la force humaine ; c'est-à-dire nécessité d'alimenter un ouvrier tout de fer, produisant cent fois plus, et réclamant par conséquent cent fois plus d'aliment, de matières premières. Les capitaux des armateurs, suffisants pour une navigation restreinte, ne répondaient pas aux nécessités d'une navigation au moins décuplée et le grand principe d'association n'était pas encore entré dans les mœurs du monde.

Les armateurs s'abstinrent d'abord, et voulurent lutter ensuite lorsque la navigation à vapeur se développa à côté d'eux. La lutte les conduisit à la ruine, et l'abstention retarda l'ère de la vapeur appliquée à la navigation.

Nous avons vu, par des chiffres, ce qu'a été et ce que devient de plus en plus la navigation à voiles. Des chiffres encore nous montreront ce qu'est devenue la navigation à vapeur.

En 1840, la navigation à vapeur de la France représentait un total de 9,535 tonneaux. — En 1860, le tonnage de cette navigation s'élevait à 68,025 tonneaux, soit un accroissement de 613 % (**k**).

Pendant la même période, l'accroissement de la navigation à vapeur de l'Angleterre était de 417 %. — Cette navigation était représentée dans les statistiques, en 1840, par un total de 87,928 tonneaux, — et elle s'élevait à 454,327 tonneaux en 1860 (**k**).

La navigation à vapeur de l'Autriche suivait la même progression. En 1839, elle était représentée par 2,858 tonneaux, et le tonnage de 1859 était de 21,338, soit un accroissement de 637 % (**k**).

Nous avons constaté, dans le chapitre précédent, la diminution persistante, depuis 1840, du nombre annuel des constructions navales, et nous avons vu que l'Angleterre seule se présentait, en 1860, avec une légère augmentation de 4,000 tonneaux environ ; augmentation dérisoire, disions-nous, comparée à l'énorme accroissement du mouvement commercial? Cette augmentation de tonnage des constructions maritimes anglaises devient une diminution si l'on sépare les constructions à voiles des constructions à vapeur. En effet, l'Angleterre construisait, en 1841, 1,144 navires à voiles, et elle n'en construisait que 818 en 1860 ; par contre, elle construisait, en 1841, 48 navires à vapeur jaugeant 11,363 tonneaux, et elle en construisait 198, en 1860, jaugeant 53,796 tonneaux (1).

Ces faits chiffrés suffisent pour démontrer qu'à côté d'une marine à voiles dans sa plus complète période de décadence progresse largement une navigation à vapeur.

Il fallait, pour que la navigation à vapeur s'emparât définitivement du mouvement commercial maritime, comme nous l'avons dit, que les armateurs fussent familiarisés avec le moteur nouveau :

4

la machine, et surtout que l'association des capitaux permît aux transporteurs de faire face aux
nécessités du nouveau mode de transport.

L'on ne peut demander à la vieille Europe, rivée
à ses traditions, cette audacieuse conception des
grandes choses qui distingue le monde nouveau,
l'entreprenante Amérique ; aussi nous abstenons-
nous de consigner les immenses progrès accomplis par les États-Unis dans l'industrie de la
navigation à vapeur.

L'Europe a donc procédé avec lenteur. L'édu-
cation de l'armateur-ingénieur a été longue ; mais
elle est aujourd'hui complète. Les capitaux ont
hésité à s'associer ; mais aujourd'hui ils ont formé
le faisceau, et le passé, si restreint qu'il soit,
donne déjà la mesure de ce que sera l'avenir.

En 1819, un premier navire à vapeur : « Le
Savannah » se hasarde à traverser l'océan Atlantique. Il part du nouveau monde, de New-York, et
arrive à Londres après 26 jours de traversée. Ce
fut un événement !

Dix-neuf ans après (dix-neuf ans !) « Le Sirius »
inaugure une ligne régulière de navigation à va-

peur entre l'Angleterre et les États-Unis. La première traversée fut de 17 jours.

En 1866, c'est-à-dire 47 ans après le premier
essai du Savannah et 28 ans après l'inauguration
d'un service régulier entre l'ancien monde et le
nouveau, 15 compagnies exécutent 1126 voyages
à travers l'océan Atlantique, soit 21 navires à
vapeur par semaine ou 3 par jour. Hambourg
n'est plus qu'à 13 jours de New-York [1].

On voit que si l'hésitation fut grande le progrès
est rapide. Les armateurs connaissaient désormais
la puissance réelle de la mécanique.

La puissance réelle de l'association fut également démontrée, et de ce côté le progrès accompli
est aussi évident.

La Compagnie anglaise péninsulaire et orientale
(*Peninsular and Oriental steam navigation com-
pany*) qui possédait, il y a quelques années à peine,
23 navires jaugeant ensemble 35,295 tonneaux,
possède aujourd'hui 51 steamers. L'accroissement

---

[1] Nous n'avons pas besoin de signaler la rapidité avec laquelle les
paquebots de la Compagnie transatlantique française effectuent leurs
traversées.

de sa flotte a été, en quelques années, de 28 navires jaugeant 48,986 tonneaux, et représentant une force motrice de 10,190 chevaux. Les actionnaires ont eu jusqu'à 9 1/2 % de dividende.

Quant aux *Messageries impériales* de France qui possédaient 16 navires à vapeur en 1852, elles en ont aujourd'hui 63 tenant la mer.

Telle est la flotte des deux principales compagnies de navigation à vapeur de l'Europe [1].

Nous verrons cependant plus loin, à quelles dures conditions sont soumises ces compagnies, par suite du service de la poste qui leur est confié par les gouvernements français et anglais.

En regard du rapide développement qu'a pris la navigation à vapeur entre l'ancien monde et le nouveau, il est intéressant de signaler le mouvement de la navigation à vapeur dans la Méditerranée. Régulièrement les paquebots de 13

---

[1] Il convient également de citer la ligne Cunard de Liverpool à New-York qui, bien que subventionnée, et par conséquent soumise aux exigences d'un service postal, lutte contre quatre compagnies anglaises faisant le même service.

compagnies touchent à Malte pour s'approvisionner : c'est une flotte de 100 navires à vapeur,
à laquelle il faut ajouter les 48 navires des Messageries impériales qui font escale à Messine, soit
en total : 148 paquebots. Que l'on songe au
nombre de voyages annuels qu'accomplit chacun de ces navires dans cette mer relativement
petite et l'on aura une idée de ce qu'est une
pareille navigation.

Et ce mouvement ne s'est produit que depuis
quelques années. Pour n'interroger que les statistiques des ports de Marseille, nous voyons qu'en
1852 ces ports ne possédaient que 42 bateaux à
vapeur (en y comprenant les 13 navires de la
poste). En 1864 ce chiffre s'élevait à 148 (les
Messageries Impériales n'étant représentées que
par 48 paquebots). La flotte à vapeur des ports de
Marseille a donc quadruplé en douze ans !

Tous les principaux ports de commerce nous
fourniraient des faits semblables, à savoir : diminution de la navigation à voiles et augmentation
importante de la navigation à vapeur. On peut
hardiment qualifier ces constatations, partout les

4.

mêmes, de substitution de la vapeur à la voile.

Nous avons développé les conditions économiques de la marine à voiles ; nous devons faire le même travail pour la marine à vapeur.

De même que pour les navires à voiles, le coût de construction des navires à vapeur est calculé par unité de tonneau. Ce prix varie suivant que le navire est construit en bois ou en fer. Un navire en bois, construit dans les meilleures conditions, coûte de 550 à 570 fr. le tonneau. Pour un navire en fer le prix s'élève à 760 et 780 fr. L'Angleterre construit les steamers à meilleur marché que la France (680 à 700 fr., le tonneau pour les navires en fer) et les États-Unis construisent à meilleur marché que l'Angleterre, surtout les navires en bois. Mais ces derniers ne forment qu'une extrême minorité dans le total de la flotte marchande à vapeur.

Ces prix sont ceux de bons navires, recevant la première cote. On obtient des constructeurs anglais des navires à vapeur dont le prix descend jusqu'à 580 et 560 fr. le tonneau, et des constructeurs américains des prix qui descendent jusqu'à 520 et 410 fr. pour les vapeurs faisant le cabotage.

Le service ininterrompu et rapide que sont toujours destinés à faire les navires à vapeur ne permet pas aux armateurs sérieux de profiter de ces réductions qui tournent au détriment du commerce. D'ailleurs, en prévoyant le nombre de voyages qu'accomplit un navire à vapeur, et par conséquent la somme énorme annuelle des frets sur lesquels opère un tel engin de transport, le capital engagé dans la construction devient relativement insignifiant. C'est l'avis qu'exprimait avec raison M. le duc de Morny en 1860, pendant le cours de l'enquête sur la marine marchande et qui est consigné dans les procès-verbaux. C'est l'expression d'une incontestable vérité et c'est ce qui interdirait, presque d'avance, toute comparaison entre un voilier et un steamer, le premier accomplissant un voyage au long cours annuel, le second quadruplant au moins la même opération chaque année.

La. dépense de construction et d'installation des machines est également essentiellement variable. Elle se fixe par le nombre de chevaux de force. Les meilleures machines marines coûtent de 1200 à 1400 fr. le cheval-vapeur de 200 kilogrammes.

Il peut se faire, on le voit, que tel navire, d'une jauge très-inférieure à tel autre, coûte cependant beaucoup plus cher que le premier; dans le cas, par exemple, où chargé d'un service d'extrême vitesse le steamer d'un faible jaugeage est muni d'une machine puissante. Et vice-versâ, un navire de grande portée, mais ne devant accomplir que des voyages commerciaux, des voyages de vitesse ordinaire, coûtera relativement beaucoup moins cher.

Il est donc impossible de citer un prix moyen de construction totale d'un navire à vapeur. Pour constater des prix extrêmes, disons qu'une embarcation à vapeur de 50 tonneaux, environ, coûte de 20 à 25,000 fr. Que Newcastle et Glascow construisent un steamer de 4 à 500 tonneaux pour 250 à 400,000 fr. environ, qu'enfin les puissants steamers de la compagnie Transatlantique ont coûté, en moyenne, 2, 400,000 fr. [1].

---

[1] Le *Pereire* et la *Ville de Paris*, munis de machines de 1,000 chevaux, livrés en 11 mois, ont coûté 7 millions.

Dans une pareille disproportion de prix, l'armateur peut, on le voit, faire construire un navire justement approprié au service qu'il doit rendre, et, nous le répétons, le capital engagé dans la construction n'a réellement qu'une importance secondaire, comparé au nombre des opérations à accomplir.

L'amortissement du capital de construction devient également secondaire pour la marine à vapeur, par suite de la durée du bâtiment.

Un navire à vapeur en fer dure de 25 à 28 ans. L'amortissement est calculé à 5 et même 4 1/2 % par an.

L'entretien est évalué, y compris les frais de machine, à 6 % par an. L'entretien de la coque ne coûterait que 2 1/2 %. Et encore ne calcule-t-on que 1 % pour la première année de navigation.

La question de l'assurance est intéressante à examiner. En prenant la même base d'appréciation qui nous a servi pour fixer les primes d'assurances pour les marchandises transportées par navires à voiles, nous voyons que la navigation à vapeur n'atteint un maximum de 2 % que pour les mers de Chine où les chargements des voiliers s'assurent pour 2 1/4, 2 3/4 et 3 %. Pour toute autre navigation de long cours la prime d'assurance pour les chargements sur steamers varie de 1 1/4 à 1 3/4 % tandis que les voiliers sont taxés à des primes allant de 1 1/4 à 3 %.

L'assurance par corps est essentiellement variable ; fatale pour le voilier, elle est, pour les navires à vapeur, un élément d'opération commerciale. La navigation à vapeur est généralement le résultat d'une œuvre collective, d'une association de capitaux. Les Compagnies ne cessent pas d'augmenter leur flotte ; plus le nombre de navires s'accroît, plus le bénéfice augmente. Dans de telles conditions les Compagnies s'assurent elles-mêmes. L'assurance devient donc une partie intégrante de l'opération et non, comme pour le voilier, une dépense inéludable.

Il n'en est pas ainsi de l'assurance des marchandises chargées, car leur valeur peut-être telle qu'un sinistre serait un désastre ; aussi un grand nombre d'assureurs sont-ils appelés à couvrir un chargement. La différence de la prime, inférieure pour les transports par vapeur, tourne au profit des marchandises chargées sur ces derniers.

Les frais d'équipage sont moindres pour un navire à vapeur que pour un navire à voiles. Un steamer de 800 tonneaux, avec vingt hommes d'équipage, dépense, nourriture comprise : 150 fr. par jour au maximum, soit 4,500 fr. par mois. Le chiffre mensuel est certainement plus élevé, *à priori*, mais il faut considérer qu'un steamer fait quatre voyages pendant qu'un voilier en accomplit un seul et que par conséquent cette dépense, supportée par quatre opérations différentes, se réduit au quart dans la comparaison que l'on peut établir.

En résumé, les avantages de la navigation à vapeur, quant à l'amortissement, aux frais d'entretien, à l'assurance et aux frais d'équipages sont incontestables.

Mais l'emploi de la vapeur qui est la cause de la rapidité de marche et des conditions économiques que nous venons d'énumérer a des exigences de consommation qui luttent contre ces avantages. En outre de la dépense intrinsèque du charbon, son transport, par la place qu'il tient dans le navire,

est une condition défavorable d'une extrême importance. La nécessité de s'approvisionner de houille
a fait avorter, jusqu'ici, le plus grand nombre des
projets. Il faut absolument que des entrepôts de
charbons jalonnent l'itinéraire des bateaux à vapeur.
Le transport de ces charbons à ces entrepôts
augmente énormément, suivant la distance parcourue, le prix de la houille prise à la mine.

Avant que la Compagnie du Canal de Suez n'eut
établi un service direct de transport par ses canaux
entre la Méditerranée et la mer Rouge [1], les steamers
qui devaient s'approvisionner à Suez ou à Aden
pour accomplir leurs voyages dans la mer Indienne,
ont payé la houille jusqu'à 125 fr. le tonneau de
mille kilogrammes. Grâce à l'ouverture de cette
voie nouvelle de communication, les charbons de
Cardiff et de Newcastle rendus à Suez ne coûtent que 62 fr.; 65 fr. au maximum.

Il est difficile de compter exactement ce que
dépense de combustible un steamer, sa consommation variant suivant la force de la machine, le

[1] Le service de transit direct des marchandises et des passagers par
le canal de Suez fonctionne régulièrement depuis janvier 1867.

degré de vitesse qu'il atteint dans sa marche, et le prix de la houille variant suivant le point où le navire s'approvisionne.

Un navire de 770 tonneaux, (pour prendre une moyenne exacte) ayant une machine de 100 chevaux et marchant à une vitesse de neuf nœuds à l'heure, consomme 15 tonnes de charbon par jour de 24 heures.

C'est une dépense quotidienne de 187 fr. 50 c. pour un navire qui va de Newcastle à Londres (le charbon valant 12 fr. 50 la tonne) — et une dépense de 975 fr. si le navire s'approvisionne à Suez (le charbon valant 65 fr. la tonne). Avant l'ouverture du canal de Suez, ce même navire, s'approvisionnant à Suez, aurait dépensé jusqu'à 1875 fr. par jour (le charbon s'étant vendu 125 fr. la tonne [1]).

[1] « Depuis le commencement de cette année (c'est-à-dire de janvier à mai 1868 : cinq mois) 12,000 tonnes de charbon ont transité de Port-Saïd à Suez, par le canal, pour le compte des Compagnies françaises et anglaises de navigation à vapeur dans la mer Rouge.

« La houille qui, l'an dernier, valait à Suez de 85 à 100 francs la tonne, y coûte aujourd'hui de 60 à 70 francs, ce qui représente une réduction de 25 0/0. (Mouvement.)

« Le minimum de la consommation étant évalué à 60,000 tonnes,

Pour subvenir à cette dépense importante, la navigation à vapeur a, de plus que la navigation à voiles, le transport des passagers, des valeurs monnayées ou en lingot et des marchandises riches ; certaines Compagnies ont, en outre, des subventions d'État pour le service de la poste qui leur est confié. En dehors de ces éléments de recettes, dont il ne faut pas exagérer l'importance, puisqu'ils correspondent à certaines exigences de service, mais qui procurent cependant des chiffres respectables, la marine à vapeur, comme la marine à voiles, n'a que le fret.

Nous aurons l'occasion, dans le chapitre suivant, où nous essaierons d'établir un parallèle entre ces deux systèmes de navigation, de comparer les conditions de cet élément de recettes. Nous ne devions, actuellement, que signaler les éléments de dépenses de la navigation à vapeur, comme nous avions signalé les dépenses de la navigation à voiles dans le chapitre précédent.

c'est une économie de 2 millions de francs dont le transit du Canal fait déjà profiter le commerce. »

(Extrait du rapport présenté à l'assemblée générale des actionnaires le 2 juin 1868, par M. Ferdinand de Lesseps.)

Nous aurions pu détailler, comme nous l'avons fait pour la navigation à voiles, tous les éléments de dépenses que nous avons énumérés; mais la difficulté de trouver des chiffres moyens exacts pour évaluer les conditions économiques de la navigation à vapeur, sujette à tant de fluctuations (les frais subissant des soubresauts énormes suivant la vitesse de la marche, la force de la machine, le nombre des échelles, le prix des houilles dans les divers entrepôts), ne nous aurait pas permis d'arriver à la même précision. D'ailleurs, l'étude à fond des conditions défavorables de la navigation à voiles nous était imposée par la situation même de cette industrie, dont il fallait connaître les causes de décadence. Le succès et le progrès constant de la navigation à vapeur nous est, au contraire, une garantie des conditions dans lesquelles agit cette industrie. Il est important d'étudier les éléments de recettes d'une industrie toute d'avenir, chaque progrès nouveau devant être profitable en même temps au commerce général et aux entreprises de navigation à vapeur.

La prochaine ouverture du. Canal de Suez à la

grande navigation rend cette étude indispensable. Questionné par M. Rouher, en 1860, sur l'avenir de l'emploi de la vapeur dans l'industrie de la navigation, M. Duhaut-Cilly, président de la Chambre de commerce de Saint-Malo, répondait : « Les opinions sont divisées sur cet avenir : mais, dans ce siècle de progrès, il est permis de penser qu'on y arrivera. Le percement de l'Isthme de Suez en donnera le signal. »

IV

PARALLÈLE ENTRE LA NAVIGATION A VOILES ET LA NAVIGATION A VAPEUR.

Les chiffres que nous avons reproduits dans les précédents chapitres, d'après les relevés des statistiques officielles et en basant nos appréciations sur les déclarations consignées dans les procès-verbaux de l'enquête de 1860, ont suffisamment démontré, pensons-nous, l'ère de complète décadence dans laquelle se trouve la navigation à voiles. Cette navigation, accablée de dépenses, a épuisé toutes les ressources de l'art et de l'économie. La navigation à vapeur, au contraire, partout en progrès, a devant elle tout ce que la science de la mécanique peut découvrir, tout ce que l'économie peut réaliser.

Un fait à citer à l'appui de cette double situation, c'est la condition elle-même de l'industrie de l'armateur. On vend des voiliers, nous l'avons vu, comme se vendent toutes marchandises, les États-Unis fournissant des navires à des prix fabuleux.

La navigation à vapeur est loin d'avoir à compter avec cette cause de décadence. Les chantiers ne construisent, en général, des steamers que sur commande et les plans de construction ne sont étudiés que dans des buts définis.

Il y a donc cette différence capitale entre les deux armateurs : que les patrons de voiliers sont constamment soumis à la plus sombre incertitude, tant sous le rapport des voyages à accomplir que sous le rapport des frets à encaisser, tandis que la sûreté relative des opérations d'une Compagnie à vapeur est un grand élément de prospérité. S'agit-il d'établir une ligne régulière de steamers, on connaît d'avance les jours de départ et d'arrivée, le nombre de voyages annuels, la dépense totale des opérations par an et par voyage, et enfin l'élément de fret sur lequel on peut compter.

Le propriétaire de voiliers ne sait jamais quel

voyage accomplira le navire, de quelle durée sera le voyage, et par conséquent à quelle somme de dépenses conduira le voyage entrepris. Il ne sait même pas, dans la plupart des cas, quelle marchandise il chargera pour le retour et à quel prix.

Tandis qu'une Compagnie à vapeur publie ses tarifs qu'elle a étudiés en vue du commerce qu'elle est appelée à servir, et agit, par conséquent, en pleine connaissance de cause, un armateur de navires à voiles est forcé de subir toutes les fluctuations du fret. Nous avons vu à quels écarts peuvent conduire ces fluctuations.

En supposant même qu'un navire à vapeur et un voilier se trouvent libres dans un même port, à quel rang inférieur est placé le voilier! Ce dernier ne peut recevoir que des marchandises dont la modicité de la valeur permet au négociant d'attendre, et l'attente étant un élément de ruine pour le trois-mâts dont les frais d'amortissement, d'assurances, etc., sont énormes, le capitaine est obligé de diminuer chaque jour ses prétentions. Le navire à vapeur, au contraire, sait qu'il peut comp-

ter sur les marchandises de valeur qui ont hâte
d'être rendues au port d'arrivée; il charge donc
ces marchandises au prix ordinaire de ses tarifs.
La grande valeur de ces marchandises faisant du
fret une dépense sans importance, aucune discussion ne peut s'élever sur ce sujet : l'avantage de
la célérité est incalculable pour ces sortes de
marchandises. Ce premier fonds de recettes étant
assuré, le vapeur complète son chargement avec
des marchandises d'encombrement ou de peu de
valeur, et fait alors à la navigation à voiles une
terrible concurrence.

Que l'on suppose un chargement de soie prêt à
embarquer; que l'on considère la somme énorme
que représente ce chargement, et l'on verra que la
durée du voyage est d'une extrême importance
pour le négociant. Le prix du fret n'est presque
rien dans un pareil compte.

Un tonneau de mille kilogrammes de soie vaut
cent mille francs environ. Qu'est un fret de cent
francs sur une pareille valeur? Au contraire, l'intérêt du capital engagé, l'assurance de ce capital
livré aux chances de la mer, etc., diminuent sensi-

blement le bénéfice sur lequel compte le négociant.

La navigation à vapeur a depuis longtemps en-levé·à la navigation à voiles le transport des mar-chandises de valeur, les seules qui peuvent payer un fret important, et il ne reste aux voiliers que les marchandises d'encombrement et de peu de valeur qui, par leur nature, peuvent supporter des retards d'expédition et laissent au négociant le loisir d'at-tendre une baisse de fret. Et nous avons vu que la navigation à vapeur, couverte de ses frais, par une partie riche de chargement, peut recevoir d'autres marchandises à bas prix.

La navigation à vapeur a aussi l'avantage, grâce à la régularité de ses opérations, de connaître parfai-tement le terrain sur lequel elle opère. Si d'autres vapeurs viennent lui faire concurrence, c'est que l'élément de fret peut suffire à deux navires ou à trois. En effet, la régularité du service à vapeur n'assure aux ports principaux que les services nécessaires.

C'est tout le contraire pour les voiliers. Tout est aventureux pour ces transports. « Les résultats en sont tellement aléatoires, disait un délégué de la

Chambre de Commerce de Paris, que l'armateur ne calcule pas sur un amortissement annuel régulier. Tel navire, *s'il est heureux*, peut se trouver payé *en* 10 *ans*, quand tel autre au bout de 15 ou 20 ans aura absorbé une grande partie de ses bénéfices par suite de réparations extraordinaires ou de mauvaises combinaisons. »

En dehors des réparations extraordinaires ou des mauvaises combinaisons, il y a les aventures de mer qui frappent de mort, le plus souvent, le succès du voyage le mieux combiné. Ce n'est pas seulement la tempête qui est un danger pour le voilier, mais encore, mais surtout le calme plat, l'absence de vent qui arrête le navire en route et le cloue sur place, pour ainsi dire. Il est des voiliers qui restent jusqu'à 60 jours au même point. On remplirait des volumes avec les constatations les plus incroyables. Pour ne citer qu'un seul de ces milliers de faits connus : Un voilier, le *Levrier*, part de Marseille, chargé de sel, avec une dizaine d'autres navires. Arrivés tous ensemble au détroit de Gibraltár, le *Levrier* seul parvient à franchir ce pas difficile. Il va débarquer son chargement à Dunkerque, revient charger à Marseille, et retrouve, à Gibraltar, les neuf autres navires qu'il y a laissés. Il attend encore quelques jours et passe avec eux.

Tous les voyageurs qui, pour la nécessité de leurs affaires, ont souvent traversé la Méditerranée, ont parfois retrouvé, au retour, et à la même place, le voilier qu'ils avaient rencontré en route.

Qu'une grande quantité de marchandises soit annoncée dans un port quelconque, aussitôt accourent tous les voiliers. Les négociants, vu le peu de valeur de la marchandise, attendent que l'agglomération des transports soit suffisante et n'embarquent que lorsque la concurrence a ramené le fret au prix le plus bas.

Enfin, une perte d'un voyage *tue* un voilier; tandis qu'un bateau à vapeur, qui fait presque toujours partie d'une flotte et peut renouveler lui-même fréquemment ses voyages , supporte avec facilité ce contre-temps. L'armateur, ou la Compagnie, calcule la *moyenne* des voyages accomplis dans l'année. Il est impossible de procéder de la même façon avec un voilier qui n'exécute qu'un voyage et revient accablé de ses pépenses énormes d'amortissement, de réparations forcées, d'équipage, d'assurance, etc., etc.

En résumé, le navire à vapeur connaît exactement sa dépense, la durée de son voyage, et combine son chargement de façon à couvrir ar moins ses frais en prenant un complément de chargement à tout prix. Le voilier ignore la route à suivre, qui varie ; il ignore la durée du voyage, les conditions du retour et le cours du fret des marchandises qui lui seront confiées.

Telles sont les raisons générales qui ont amené la décadence de la navigation à voiles ; qui font que l'Angleterre, ce grand chantier de construction, fournissait la moitié moins de voiliers en 1860 qu'en 1840.

La lutte entre les deux systèmes de navigation a fourni des exemples curieux. Des armateurs du Havre ont essayé d'établir un grand service de voiliers pour le transport des cotons, tentant par la grandeur de l'opération et l'association des capitaux de marcher au succès. L'opération, aussi largement conduite qu'il était possible, n'a donné que de fâcheux résultats : il a fallu y renoncer.

Par contre, comme nous le verrons plus loin, se lançant dans le commerce exclusif, pendant longtemps, de la navigation à voiles, de grands navires à hélices, munis de machines bien combinées, ont transporté en 1861, et avec profit, les blés de la Baltique.

Le transport des charbons, lui-même, qui semble être la dernière ressource des voiliers, leur est enlevé par les vapeurs qui font le service des bords de la Tyne, de la Wear et de la Tee, dans la Tamise.

On sait enfin, que la navigation à vapeur a déjà détrôné le cabotage entre Nantes, Bordeaux et les côtes du Portugal et de l'Espagne, entre les ports français de la Méditerranée et les côtes d'Italie, d'Algérie, de Grèce, d'Égypte, de Syrie, etc., etc. [1]...

[1] Le relevé de la seule navigation de la province d'Alger, en 1866, démontre par des chiffres intéressants l'importance du développement de la navigation à vapeur :

Entrées....	Vapeurs.......	207 de	113,727	tonneaux.
	Voiliers........	532 —	54,219	—
Sorties.....	Vapeurs.......	193 —	99,499	—
	Voiliers.......	400 —	31,180	—

Le nombre des voiliers qui ont fréquenté, en 1866, les ports de la

Cette navigation prospère, malgré la concurrence des chemins de fer.

L'avenir assurera la domination exclusive de la vapeur. Hâter par tous les moyens possibles le moment où cette transformation sera accomplie, c'est préparer pour l'industrie des transports maritimes cette ère de sécurité et une certitude dans les opérations qui est un des principaux éléments de succès du commerce sérieux.

Pour marcher rapidement à ses destinées, la navigation à vapeur doit faire tous ses efforts pour s'affranchir de la seule lourde charge qui pèse sur elle : la consommation du charbon.

La science ne cesse de s'occuper de cette importante question. Déjà de grands progrès ont été accomplis. La France peut en revendiquer la gloire : son intelligente activité est bien faite pour découvrir la solution de ce problème. Si, depuis 25 ans, dans la seule mer Méditerranée, 1/3 du tonnage et

---

province, est inférieur de 107 à celui de 1865 ; par contre on constate 34 bateaux à vapeur de plus.

Ainsi, en 1866, le mouvement des steamers, entrées et sorties réunies, est de . . . . . 213,226 tonneaux.
Le mouvement des voiliers n'est que de . . 85,399   —

plus encore de la valeur est transportée par les steamers, que sera-ce lorsque les conditions de ce moyen de transport seront améliorées.

Si des Compagnies comme les Messageries impériales de France et la Péninsulaire et Orientale d'Angleterre, malgré les rudes conditions de leurs cahiers des charges qui leur imposent des vitesses extraordinaires et par conséquent des formes de construction et des machines qui tournent contre le succès commercial de leurs opérations, accusent chaque jour de nouveaux progrès, ne cessent d'augmenter leurs flottes et de développer leurs itinéraires, quel avenir est réservé aux Compagnies qui se formeront affranchies de ces obligations.

Deux buts doivent être et sont poursuivis : le premier consiste à découvrir un système qui diminuerait la consommation du charbon, le second à améliorer la construction elle-même des navires. Certains esprits éminents ne désespèrent pas de découvrir un moteur pouvant remplacer la vapeur ; par exemple, l'électricité : « Que la science dise son dernier mot, que par l'électricité, ou tout autre moyen économique, on évite l'achat du charbon et l'encombrement à bord, et il n'est pas douteux que nous ne voyions la navigation à voiles disparaître immédiatement de la marine du commerce, comme elle disparaît de plus en plus de la marine de l'État; il se produira alors ce qui s'est produit pour les transports par terre, à la suite de l'établissement des chemins de fer, un immense développement de trafic et de voyageurs. » Ainsi s'exprimait, en 1860, M. Roy, armateur, membre du Conseil général de la Loire-Inférieure.

Sans compter sur une découverte possible, probable même, qui délivrera totalement la navigation à vapeur de la consommation du charbon, les progrès à accomplir dans l'état actuel de cette navigation sont assez grands pour encourager les ingénieurs. M. le sénateur Dumas constatait, il y a quelques années à peine, les immenses résultats qu'une étude plus approfondie de la question des machines peut amener. « On a parlé, a-t-il écrit, de la proportion du charbon consommé par cheval-vapeur. Eh bien ! déjà les progrès accomplis depuis Watt jusqu'à notre époque ont amené une différence considérable dans les quantités de charbon consommées. Mais depuis 10 ans surtout, il s'est ouvert de nouveaux aperçus qu'il ne faut pas perdre de vue et dont la science se préoccupe : je veux parler de l'étude de la chaleur comme force mécanique. »

L'on a constaté, en effet, que la chaleur produite dans le foyer d'une machine à vapeur représentant une puissance égale à 100, la force mécanique réalisée de la machine n'est que de 5 ou 10. Il y aurait donc une perte de 90 à 95 % de la puissance fournie par le foyer. Il est permis d'espérer que le résultat de cette importante observation ne sera pas perdu et que les perfectionnements indiqués comme possibles étant réalisés, en partie du moins, leur intervention hâtera l'emploi des navires mixtes.

« On ne peut fixer l'époque, ajoute M. le sénateur Dumas, de cette transformation ; sera-ce dans un mois, dans une année, dans dix années? On ne saurait le dire ; mais ce qui se passe autorise à croire qu'un grand progrès sera réalisé d'ici à vingt ans. »

Le progrès a marché plus vite que ne l'espérait
M. le sénateur Dumas, en 1860. Chaque machine
marine construite, on peut le dire, est une amélioration. L'on connaît parfaitement désormais le
but à atteindre, et l'on détermine, avec une exactitude mathématique, les causes de dépenses contre
lesquelles il faut lutter.

Il est arrivé, pour la navigation à vapeur, absolument ce qui s'est produit pour l'exploitation des
chemins de fer; c'est-à-dire que l'on ne s'est oc-
cupé, à l'origine, que du service de la poste et des
voyageurs. Pourvu que les steamers eussent un
certain nombre de cabines commodes et fussent
construits de façon à obtenir la plus grande vitesse
possible, on se déclarait satisfait. Mais les esprits
clairvoyants ne tardèrent pas à reconnaître que l'on
devait obtenir une navigation à vapeur commerciale
comme l'on avait obtenu des trains de marchandises sur les chemins de fer. On se mit à l'œuvre,
et l'expérience, bien que très-courte relativement,
a déjà prouvé que l'assimilation était complète. Les
grandes compagnies de transports maritimes à vapeur ont construit des porteurs de marchandises,

pouvant recevoir, par surcroît, un certain nombre de voyageurs. Le succès a couronné leurs efforts. La navigation à vapeur ne fut d'abord que l'organisation de trains express sur mer. On sait que ces trains rapides sont loin d'être un élément de fortune pour les chemins de fer?

En 1860, pendant l'enquête, cette situation générale de la navigation à vapeur frappa les esprits les plus éminents. La question fut posée de savoir pourquoi les transports par vapeur étaient encore aussi chers. La réponse de M. Hubert-Delisle fut catégorique : « La cherté, dit-il, vient sans doute de la forme même de ces bâtiments, qui sont destinés à porter des voyageurs et à aller à toute vapeur. Ces navires ont obtenu une réduction de plusieurs jours dans la traversée. Ils font en 6 jours un trajet qui en demandait autrefois 10 à 12, et ils n'arrivent à cette rapidité que par une grande finesse de forme ; ils sont très-allongés et c'est à cette circonstance que tient l'élévation du prix, car plus ils sont allongés et moins ils peuvent prendre de fret. Le percement de l'Isthme de Suez réalisera sans doute des progrès à cet égard. »

Ainsi pour obtenir ce degré de vitesse qui émerveille, les paquebots des Messageries impériales et ceux de la Compagnie péninsulaire et orientale sont construits de telle sorte qu'ils ne peuvent recevoir qu'une quantité restreinte de marchandises. Chaque station, chaque escale étant une grave cause de perte de temps, ces paquebots évitent de s'approvisionner en route ; ils prennent, en conséquence, une très-grande quantité de combustible. Ils sont munis de machines à haute pression coûtant très-cher et consommant énormément de combustible... Telles sont les conditions onéreuses imposées à ces grands marcheurs. Eh bien, nous l'avons vu, malgré ces lourdes charges, les deux Compagnies que nous avons citées obtiennent d'excellents résultats!

Que serait-ce si, libres de leurs engagements, ces compagnies possédaient de larges paquebots, ventrus, pouvant prendre la plus grande quantité possible de marchandises; si ces paquebots pouvaient faire de nombreuses escales, augmenter par conséquent leurs sources de chargements, et n'emporter que le charbon nécessaire pour aller d'un port à un autre; si, enfin, ces steamers étaient munis de machines ordinaires, leur donnant une vitesse ordinaire et consommant par suite peu de charbon?... Il suffit d'énoncer ces faits pour mesurer tout ce que l'avenir réserve à l'industrie des transports maritimes à vapeur.

D'ailleurs, bien des Compagnies sont entrées dans cette voie et prospèrent. La navigation à vapeur a vaincu la navigation à voiles dans les opérations de cabotage; elle a donné le coup de mort aux voiliers dans tous les autres cas. Nous avons constaté l'agonie persistante de la marine marchande à voiles. Notre but serait atteint si, par la connaissance répandue des causes de cette révolution commerciale, nous avions hâté l'avénement du jour où le navire à voiles ne sera plus qu'une exception, une curiosité, comme l'est une diligence.

Il ne nous reste plus qu'à examiner l'intérêt qu'a le commerce, et nous disons même l'humanité, à voir s'accomplir le plus promptement possible cette transformation.

L'intérêt du négociant est tellement évident qu'il nous suffit d'en signaler les raisons : Il livre la marchandise au port d'embarquement à jour fixe, et sait qu'elle sera rendue à jour fixe au port de débarquement. Est-il de meilleure base pour un commerce sérieux ? La marchandise est transportée d'un port à un autre, en quelques jours, en 3 fois moins de temps, au minimum, que par navires à voiles. Le capital engagé dans l'opération commerciale suffit donc pour que cette opération soit renouvelée 3 fois ; en d'autres termes, l'intérêt des sommes engagées est 3 fois moindre par navire à vapeur que par navire à voiles. L'assurance de ces mêmes marchandises, à un taux égal, coûterait aussi 3 fois moins ; or, le taux n'est pas le même, nous l'avons vu. Les marchandises chargées sur un navire à vapeur sont assurées constamment à un taux de beaucoup inférieur à l'assurance des chargements sur voiliers.

Un seul fait peut être cité au désavantage de la navigation à vapeur. Nous voulons parler du prix de transport, du fret qui est plus élevé. Ce désavantage n'existe pas pour les marchandises de valeur ; en effet, le prix de transport, comparé à la valeur réelle de la marchandise transportée, est si insignifiant qu'il est compensé, et au delà, par la promptitude du voyage, le bénéfice de l'intérêt de la somme totale engagée et la différence de l'assurance.

Pour les marchandises de peu de valeur le désavantage serait certain, si la navigation à vapeur était demeurée en son état d'origine, c'est-à-dire si la mer n'était sillonnée que de *trains express* (qu'on nous permette l'expression). Mais, au contraire, le développement des *trains omnibus* maritimes s'accroît chaque jour. Les tarifs de ces compagnies sont ce qu'ils devaient être : des échelles combinées. Le quart du chargement se fait aux prix primitifs; le second quart reçoit les marchandises de moyenne valeur à un fret moyen, et le reste du navire est partagé entre les charbons d'approvisionnement et les marchandises de peu de valeur embarquées presque au même fret que les voiliers. Il reste donc au négociant l'incalculable avantage de la rapidité.

M. Lefebvre, constructeur, délégué de la

chambre de commerce de Dunkerque, exprimait ainsi qu'il suit son opinion à S. Exc. M. Rouher, alors ministre de l'agriculture, du commerce et des travaux publics, sur les succès de la navigation à vapeur, même pour le transport des marchandises d'encombrement.

« Nous pensons, disait-il, que les navires à vapeur, et même les navires mixtes, sont destinés à remplacer en grande partie les navires à voiles, *pour le transport des marchandises d'encombrement*, et cela pour plusieurs raisons. »

Et parmi ces raisons nous reproduirons celle-ci :

« 3° Le poids actuel des machines marines (ces choses étaient dites en 1860), n'est que le quart du poids qu'elles avaient primitivement, et le volume qu'elles occupent est réduit de plus de moitié. On ne s'arrêtera pas là : les perfectionnements continuels que l'on introduit dans les machines et surtout dans les chaudières, permettront de réduire encore la consommation du charbon; le poids mort diminuant, l'espace resté libre pour le fret augmente de plus en plus, et le navire à vapeur tend à se rapprocher graduellement du bâtiment à voiles, en ne réservant pour son appareil moteur qu'un faible poids et un espace insignifiant. Aussi, voyons-nous, en Angleterre, beaucoup de navires à vapeur transporter e charbon au même prix que les navires à voiles. De plus, dans le cours de 1861 (ceci est la confirmation d'un fait que nous avons avancé), de nombreux navires à hélice, d'un fort tonnage, avec des machines peu puissantes ont été employés aux transports des blés de la Baltique en France.

« Ces navires, munis de machines à décharger (à vapeur), vidaient leurs cales (800 à 1,000 tonneaux), en 3 ou 4 jours et se lestaient par l'introduction, dans un réservoir placé à fond de cale, de l'eau de mer qu'on expulsait plus tard par la pression de la vapeur [1].

« C'est à le problème du grand cabotage, résolu économiquement au moyen de la vapeur. »

Le progrès ne s'arrêtera même pas là : De même

[1] On décharge actuellement, à Londres, avec certains appareils, 1,200 tonnes en 10 heures.

6

que la navigation à vapeur a remplacé le cabotage; de même que des steamers transportent le
charbon des mines à Londres, de même, des paquebots, construits dans les meilleures conditions
économiques, d'un très-fort tonnage, et munis de
machines consommant peu, seront en situation de
demander des frets extrêmement bas.

Cet état de choses accélère la ruine des voiliers qui, pour lutter contre les avantages du transport par vapeur, sont forcés d'offrir des frets à 50
et 60 % au-dessous des tarifs. Les vapeurs français, en novembre 1866, chargeaient les cotons,
à Alexandrie, à destination de Marseille, pour 14
et 12 francs les 100 kilos. Les vapeurs étrangers prenaient ces mêmes chargements à 10 fr.
Les voiliers, pour obtenir la préférence, ont descendu leur fret jusqu'a 5 et 4 francs! (Ces cours
sont officiels).

La navigation dans l'Inde même en est arrivée
à cette situation. Parmi les transports anglais,
nous citerons l'*Europe*, de 1,200 tonneaux, qui
prend régulièrement 200 à 250 tonnes de
marchandises riches, à un prix double du prix

des voiliers, et complète son chargement au même fret que les navires à voiles.

L'avenir est en effet tout entier dans des combinaisons semblables à celle qu'a créée « l'*Europe* » qui porte 1,200 tonneaux, et marche avec une vitesse de 4 à 5 nœuds à l'heure.

L'intérêt humanitaire qui s'attache au développement de la navigation à vapeur est tout aussi évident. Sans parler des incalculables avantages qui résultent de relations rapides et régulières établies entre les pays les plus éloignés les uns des autres et pour ne citer que des chiffres d'une rare éloquence, nous questionnerons la dernière statistique des naufrages publiée par l'administration du Bureau-Veritas ; celle de 1866 :

Le nombre des navires à voiles perdus s'élevait à.	2,581
Le nombre des vapeurs à.	165
Total.	2,746

Le nombre des navires « supposés perdus corps et biens par suite d'absence de nouvelles » s'élevait à 186, soit 183 navires à voiles et 3 navires à vapeur.

Il est intéressant d'examiner ces résultats en détail.

En 1862, 1863, 1864 et 1865, on avait constaté, sur les seules côtes de France, 986 naufrages ou événements de mer ; les navires jaugeant 80,264 tonneaux, *montés par* 6,328 *hommes !* Hâtons-nous d'ajouter que, sur ces 6,328 hommes, 853 seulement ont péri, grâce à l'admirable organisation de la Société de sauvetage. Malheureusement les sinistres en mer échappent pour la plupart au dévouement de cette Société.

Sur ces 986 naufrages, on compte 955 voiliers et 31 vapeurs.

Quelle que soit la statistique que l'on consulte, sur ce sujet, la proportion des voiliers perdus est effrayante, comparée à la proportion des vapeurs.

La dernière période quinquennale accuse la proportion suivante :

NAUFRAGES.		MARCHANDISES PERDUES.	
Vapeur.	Voiliers.	Vapeur.	Voiliers.
1	31.43	1	219.66

Le développement de la navigation à vapeur

sauvera de la mort de nombreuses existences de marins.

Mais quand on songe au total des voyages qu'accomplissent les émigrants de tous pays, on s'effraie, à juste raison, des conséquences de ces sinistres dans lesquels les voiliers entrent dans une si grande proportion. Le nombre des émigrants, dans le seul extrême Orient, sans compter les allées et venues de l'armée anglaise et des commerçants, est de 80 à 100,000 annuellement.

La mortalité de ces émigrants, à bord des voiliers, est tellement grande que l'émigration anglaise s'effectue presque totalement par vapeur bien que le prix des voyages soit plus élevé.

En 1866, 73 1/2 % des émigrants partaient sur des steamers et 26 1/2 % sur des voiliers.

En 1865, la Clyde et la Mersey n'ont pas expédié un seul navire à voiles chargé d'émigrants pour l'Amérique.

L'émigration pour l'Australie, seule, se faisait encore 1/2 par vapeur, 1/2 par voiliers.

« Encombrement, air vicié, longue traversée,

6.

nostalgie, etc. » Telles sont les principales causes, officiellement constatées, de la mortalité des émigrants à bord des navires à voiles.

L'humanité, on le voit, est intéressée au développement de la navigation à vapeur.

Nous emprunterons à une étude de M. Flachat sur la navigation, des détails très-intéressants :

« La construction en fer, écrit cet ingénieur, a contribué à la réduction notable qui s'est produite dans les pertes auxquelles la navigation transatlantique à vapeur est exposée. C'est par la durée que le navire en fer est surtout supérieur au navire en bois.

« La plupart des grandes compagnies sont devenues leurs propres assureurs et l'allocation annuelle de 5 °/₀ de la valeur originelle du matériel a été, pour elles, l'occasion de constituer une réserve importante qui a pu être, de temps à autre, distribuée aux actionnaires.

« La réduction dans le nombre des sinistres que subissent les navires transatlantiques bien construits, ne s'explique pas seulement par l'absence des dangers résultant des voies d'eau que cause aux coques en bois l'agitation de la mer par un simple effet de fatigue ; ce genre d'accident n'est pas fréquent ; elle s'explique bien plus par la qualité des navires, par l'expérience et l'habitude des équipages, que des traversées répétées mettent à même de connaître les attérages, les feux, les profondeurs d'eau et la nature du fond.

« Elle s'explique encore par la surveillance qu'éveille le sentiment de la préservation de navires dont la valeur est presque toujours représentée par plusieurs millions.

« Les collisions par rencontre, les incendies à bord sont l'objet d'une série de précautions qui entrent dans les habitudes du marin. Le feu prendra, par suite d'imprudence, dans un navire ainsi surveillé, mais les progrès peuvent en être promptement combattus. C'est ce qui est arrivé, sans dommages sérieux, à bord de *la Plata* et de *la Seine*, deux navires transatlantiques de la compagnie du Mail, dans une de leurs traversées entre Saint-Thomas et Southampton. Il est vrai que la compagnie a perdu par cette cause un grand navire, *l'Amazone*, du même type que *l'Atrato*, dès sa première sortie, à 100 milles des côtes d'Angleterre et de France.

« Depuis plusieurs années, le nombre des sinistres a diminué au point que le taux d'assurance de 5 % est devenu excessif. Un paquebot transatlantique, dont la valeur atteint presque 4 millions, assuré par an à 5 %, coûte 200,000 fr., et il accomplit chaque année 10 à 13 traversées. Chaque voyage est ainsi grevé par l'assurance de 36,000 fr. environ, et le navire est remboursé par le compte d'assurances après 113 voyages ou 226 traversées. Or les navires postaux de la compagnie Cunard ont fait depuis 1842, en 23 ans, 1,800 voyages sans un seul sinistre. A l'origine, les navires de cette compagnie avaient une valeur moyenne de 2,270,000 fr. Elle s'est élevée depuis, pour le *Scotia*, à près de 5,000,000, et pour les dernières hélices à 2,700,000 fr. Prenant ce dernier chiffre pour moyenne, la compagnie Cunard aura porté à son compte d'assurance 42,390,000 fr. qu'elle aura distribués à ses intéressés. Le prélèvement sur la recette, pour fonds d'assurance à 5 %, qui a servi pour les compagnies Cunard, Royal-

Mail, Orientale et Péninsulaire , Inman, etc., à constituer un fonds de réserve dont la plus grande part est distribuée aux actionnaires, n'est plus en rapport ni avec les progrès de la navigation, ni avec les faits ; il est exagéré. La plus malheureuse des grandes Compagnies transatlantiques, celle du Royal-Mail, qui, dans l'espace de 12 années, a perdu près de 10,000,000 par 8 échouages, 4 collisions, 10 accidents, etc. ; a fait sur ses assurances un bénéfice de 9,482,500 fr. Ce compte a distribué aux actionnaires 3,267,500 fr., et sa réserve est encore de 6,115,000 fr.

« Les détails dans lesquels nous entrons plus loin, en faisant l'histoire des grandes compagnies de navigation transatlantique , démontrent sans conteste l'exagération de ce sacrifice.

« Le gouvernement anglais fait dresser une statistique très-détaillée des sinistres maritimes qui ont amené sur ses côtes la perte totale ou partielle des navires et des équipages. Ce précieux travail a eu d'heureuses conséquences. Des phares ont été établis en grand nombre sur les points les plus dangereux, et l'augmentation du nombre des feux a toujours été suivie de la diminution du nombre des naufrages.

« Il est regrettable que ces renseignements ne s'étendent pas à toutes les parties du monde où les sinistres ont frappé la marine anglaise; néanmoins les rapprochements que fournit l'état suivant entre les naufrages subis par les navires à voiles et les navires à vapeur sont très-significatifs.

État des naufrages des Navires faisant le commerce avec l'étranger.

NAVIRES.	NAVIRES A VOILES.			NAVIRES A VAPEUR.		
	1857	1858	1859	1857	1858	1859
ANGLAIS.						
Nombre de voyages.....	43.255	41.355	41.200	10.940	10.581	11.085
Nombre de naufrages...	249	245	267	17	10	14
Quantum p. % de naufrages.	0.046	0.053	0.072	0.016	0.095	0.013
ou............	1 sur 215	1 sur 189	1 sur 139	1 sur 644	1 sur 1.058	1 sur 792
ÉTRANGERS.						
Nombre de voyages.....	41.967	43.102	44.127	2.210	2.290	2.160
Nombre de naufrages...	157	136	138	2	2	»
Quantum pour %.......	0.037	0.036	0.032	0.009	0.087	»
ou............	1 sur 267	1 sur 276	1 sur 319	1 sur 1.105	1 sur 1.145	»

« Le tableau qui précède ne comprenait que les navires faisant le commerce avec l'étranger. Le suivant comprend le cabotage anglais et le commerce étranger. Il fait ressortir la faible proportion des sinistres qui ont frappé les navires à vapeur portant des voyageurs.

ANNÉES.	NOMBRE des sinistres subis par les navires A VOILES ET A VAPEUR.	SINISTRES subis par les navires à vapeur portant DES PASSAGERS.
1855	1.141	17
1856	1.153	11
1857	1.143	21
1858	1.170	14
1859	1.416	42

« Pour donner à ces chiffres leur exacte signification, il convient de rappeler qu'ils comprennent dans leur ensemble des navigations très-courtes, telles que celles du canal Saint-Georges et des ports anglais aux ports français et belges.

« Ils ne valent donc que comme comparaison entre les dangers qui accompagent la navigation à voiles et la navigation à vapeur.

« Poursuivons l'étude des documents officiels

les plus récents, tels que celui des traversées de
l'Angleterre sur l'Amérique du Nord. En 1863,
sur 469 voyages, les sinistres suivants ont eu lieu :

« Naufrage sur le cap Race, de *l'Anglo-Saxon*,
de la compagnie Montréal-Océan, se rendant à
Québec. (Brume.)

« Naufrage dans les mêmes parages, île Saint-
Paul, *du Norwegian*, navire de la même compagnie, se rendant à Québec. (Brume).

« Échouage sur le cap Race, sans autre consé-
quence qu'un retard, de *l'Africa*, de la compagnie
Cunard, se rendant à Halifax, rentré à Saint-
Jean-de-Terre-Neuve. (Brume.)

« Ce sont deux sinistres sur 469 voyages;
1 sur 234, soit 0,042.

« En résumé, le fait le mieux établi dès à
présent, ce sont les bénéfices considérables qu'a
fournis le compte d'assurances élevé à 5 °/₀, aux
compagnies Royal-Mail, Orientale et Péninsulaire,
Inman et Cunard, malgré les pertes sensibles faites
par 3 d'entre elles dans les premières années de
leur fondation. »

Le développement de la navigation à vapeur est

un fait acquis. Les efforts doivent tendre à l'augmenter encore. Les avantages que ce système procure sont incontestables. C'est donc aux compagnies de navigation elles-mêmes de hâter l'avénement du triomphe définitif. Chaque jour perdu est une faute. Partout, de hardis chercheurs découvrent des gisements de houilles. De ce côté, le progrès est constant; on peut être assuré que rien de ce qui pourra améliorer le règne du vieux roi charbon « *Old king coal* » ne sera épargné.

L'Angleterre augmente de plus en plus sa production et en améliore les prix. La Belgique creuse avec activité ses mines de Mons et de Charleroi. La Prusse exploite ses bassins de Silésie et de Westphalie. La France fait tous ses efforts pour produire sa part du *diamant noir*, luttant énergiquement contre la situation défavorable que lui font ses bassins disséminés sur tout son territoire, du nord au midi : Anzin, Commentry, Blanzy-le-Creusot, Saint-Étienne, Rive-de-Gier, Alais, Bességes, la Grand-Combe, Marseille qui recevait, il y a quelques années à peine, près de 200,000 tonnes de charbons anglais, en exporte

7

aujourd'hui 150,000 tonnes, que ces malheureux voiliers chargent pour 4 ou 5 fr. le tonneau. Telles sont les mines existantes. Mais l'avenir est entier.

Il paraît incontestable que la Chine possède d'incalculables richesses houillères dans ses flancs. La Cochinchine, l'Inde, l'Australie, de même que l'Abyssinie et la côte orientale d'Afrique apporteront leur contingent de combustible aux mécaniciens.

Ce qui doit surtout préoccuper les armateurs, c'est l'étude des moyens de construction propres à assurer le plus grand chargement possible aux navires à vapeur, munis de machines en rapport avec le but à atteindre.

L'ère de la navigation à voiles est close. L'ère de la navigation à vapeur, grande vitesse, est en quelque sorte à son apogée : Il n'est pas de jour qu'un navire des Messageries impériales, de la Compagnie transatlantique ou de la Compagnie péninsulaire et orientale, n'accomplisse un miracle de rapidité. L'ère définitive, *l'ère des trains de marchandises*, déjà brillamment inaugurée d'ailleurs, tel est l'avenir si près de nous.

Nous croyons qu'il appartient à la France de s'emparer de cet avenir. Notre conviction est que le génie français accomplira radicalement cette révolution pacifique. Le percement de l'Isthme de Suez, dû à la patriotique persévérance du peuple français, ne doit pas seulement être le signal de cette révolution : Il est indispensable que les progrès déjà accomplis se développent encore et que la marine française soit prête dès le premier jour à profiter, dans la plus large mesure, de l'ouverture de la voie nouvelle, dans les meilleures conditions.

DE LA MARINE MARCHANDE FRANÇAISE ET ANGLAISE.

L'effectif total de la marine marchande française était, en 1860, de 14,922 navires jaugeant ensemble 996,124 tonneaux (**n**).

En 1841, la France possédait 13,383 navires ne jaugeant que 592,266 tonneaux (**n**).

C'est-à-dire qu'en 20 ans le nombre des navires français n'avait pas augmenté, tandis que le tonnage total de ces navires *doublait*.

Il suffit d'examiner le détail du tonnage de cet effectif, pour en conclure que l'augmentation du tonnage est due au développement persistant de la navigation à vapeur. En effet les navires au-dessus de 500 tonneaux, qui étaient au nombre de 7 en 1841, s'élevaient au nombre de 223 en 1860. Ceux de 100 à 500, qui donnaient en 1841 un total de 1,866, s'élevaient à 2,646 en 1860; tandis que les navires au-dessous de 100 tonneaux, malgré le nombreux contingent que fournit la pêche et le petit cabotage, qui donnaient un total de 11,510 en 1840, ne donnent qu'un total de 12,054 en 1860 (**n**).

Le tonnage moyen des navires français, suivant la navigation accomplie, est approximativement ainsi qu'il suit :

Navigation des mers du Sud.	500 à	1,000
— de l'Inde.. . . .	500 à	700
— du Brésil. . . .	300 à	700
— de la Plata. . . .	500 à	700
Caboteurs. . . .	100 à	300

Cette flotte marchande se livre à deux genres de navigation : le cabotage et le long cours. Le mouvement général du cabotage, luttant contre les chemins de fer, demeure stationnaire : De 1840 à 1860, le mouvement des navires utilisés par cette navigation diminue. Il était de

112,374 en 1840, et n'est plus que de 97,607 en 1860 (o).

Le tonnage général de ces navires, pendant la même période, s'accroît dans une insignifiante proportion : Ce tonnage était de 3,045,000 en 1840. Il est de 3,671,000 en 1860. Ces chiffres ne portent que sur le mouvement d'entrée dans les ports. Pour avoir l'entrée et la sortie réunies, il faudrait doubler les chiffres.

Par contre, le mouvement total de la navigation de la France, pendant la même période, s'accroît dans de notables proportions. Ce total qui était de 3,737,000 en 1840, est de 8,456,000 en 1860. C'est un grand progrès rapidement accompli (p).

Ce progrès est plus grand encore si l'on interroge le mouvement commercial de la France. Il était en 1847, de 1,718,900,000 fr., et s'élevait, treize ans après, en 1860, au chiffre total de 4 milliards, 119,500,000 fr. (q).

Malheureusement, ces merveilleux résultats ne conduisent pas à un progrès correspondant pour l'industrie maritime française. En ne prenant que

le tonnage des navires chargés alimentant le mouvement commercial de la France, on constate qu'en
1840 les navires français ne concouraient que pour
42 °/₀ dans le mouvement ; le reste était fourni par
les bâtiments étrangers. En 1860, cet état de choses
n'avait pas changé. La proportion des navires français, chargés, concourant au commerce général de
la France, n'était encore que de 44 °/₀ (**r**).

Comparons encore la proportion dans laquelle
les navires alimentant le commerce de la France
sont chargés.

En 1845, le tonnage des navires chargés s'élevait
à 3,572,000 et le tonnage des navires sur lest,
à 1,089,000.

En 1860, le tonnage des navires chargés s'élève
à 6,856,000 et le tonnage des navires sur lest,
à 1,601,000.

La proportion, qui était pour le lest de 23 °/₀
est descendue à 19 °/₀ en 1860. C'est un progrès
certain (**s**).

L'effectif de la marine marchande anglaise était
en 1860, de 38,501 navires jaugeant 5,711,000
tonneaux.

En 1840, cet effectif était de 28,962 navires jaugeant 3,311,000 tonneaux (**u**).

Absolument comme la marine française, la marine anglaise voit le nombre de ses navires augmenter dans une insignifiante proportion, tandis que le tonnage total de ces mêmes navires double pendant la même période. C'est encore à l'accroissement de la navigation à vapeur qu'est dû ce progrès de tonnage.

Et cependant le tonnage moyen des navires anglais est, pour le long cours, presque le double du tonnage moyen français. Cela démontre une industrie maritime inférieure en Angleterre à celle de la France.

Le mouvement du cabotage anglais accuse un léger progrès. Il se maintient, pour ainsi dire, depuis vingt ans, dans les mêmes conditions d'existence. En 1840, 133,299 navires jaugeant 10,766,056 tonneaux et en 1860, 155,233 navires jaugeant 17,090,347 tonneaux (**v**). Il faut également doubler ces chiffres pour avoir l'entrée et la sortie réunies. Si l'on tient compte de l'admirable situation commerciale dans laquelle se trouve pla-

cée l'Angleterre, on reconnaîtra que pour l'industrie maritime ce progrès si lent est désastreux. En
effet, l'Angleterre, rien que par ses houilles, assure
toujours un chargement de sortie à ses navires.

Malgré cet élément de succès, nous voyons que
le développement du cabotage n'est, en vingt ans,
que de 15 $^{0}/_{0}$ tandis que l'on calcule à 10 $^{0}/_{0}$ par an
l'accroissement normal de la navigation maritime.

La navigation générale de l'Angleterre accuse le
même progrès constaté dans la navigation générale
de la France. Le total de cette navigation, qui était
de 9,439,667 tonneaux en 1840, s'élève, en 1860,
à 24,689,292 tonneaux (**x**).

En Angleterre, aussi, le progrès est plus grand
encore si l'on interroge le mouvement commercial.
Il était en 1840, de 4,598 millions, et en 1860 de
9,376 millions.

L'examen de la part que prend la marine marchande anglaise dans son propre mouvement commercial lui était jadis excessivement favorable. Ses
navires concouraient dans ce mouvement, en 1840,
dans une proportion de 69,6 $^{0}/_{0}$. En 1860, cette
proportion descend à 58 $^{0}/_{0}$ (**y**). La concurrence des

7.

navires étrangers lui a été fatale. Nous avons vu que pendant cette même période la France ne gagnait rien, mais ne perdait rien.

Par contre, la proportion des navires chargés dans le mouvement maritime anglais, accuse un progrès.

En 1845, le tonnage des navires chargés s'élevait à 9,332,785 tonneaux pour 2,744,520 tonneaux sur lest.

En 1860, la proportion des navires chargés s'est élevée de 77 % à 85 %.

Le lest était de 3,851,374 tonneaux et les chargements de 20,837,918 tonneaux (**z**).

Tels sont les éléments constitutifs de la situation de la marine anglaise.

De la comparaison des deux marines anglaise et française, il ressort ce fait, que des deux côtés l'industrie de la navigation était, en 1860, dans une fâcheuse situation ; l'Angleterre et la France éprouvant les mêmes souffrances et absolument pour les mêmes raisons ;

Que ce dépérissement d'une industrie indispensable coïncidait avec le développement énorme de son élément d'existence : l'augmentation du nombre de tonnes à transporter et de la valeur des opérations commerciales ;

Que deux seules différences se constataient, enfin, entre ces deux marines :

L'une, au désavantage de la marine française ; nous voulons dire le manque de fret de sortie [1] dans les ports français, forçant les navires à quitter les ports sans avoir assuré leur plein chargement.

L'autre, au désavantage de la marine anglaise : la part, prise de plus en plus par les marines étrangères dans le mouvement maritime anglais.

Ces faits sont tout à l'honneur de la marine française, qui est forcée de lutter contre tant de causes d'infériorité.

Quelle différence, en effet, entre les ports français, longtemps privés, pour la plupart, de frets de sortie, et les ports anglais toujours encombrés de cotonnades ou de charbons. Quelle disproportion

[1] Il faut remarquer ici qu'il n'est question que du tonnage. Nous verrons, plus loin, que si la marine marchande française quitte les ports français avec du *vide*, le fret total n'en souffre pas, la nature des marchandises chargées assurant un fret total rémunérateur malgré le chargement restreint.

entre l'armateur anglais qui est encore chez lui aux
Indes, et l'armateur français qui, hors du territoire, n'a que des comptoirs pour ainsi dire disséminés.

Et cette navigation des Indes orientales, presque
exclusivement réservée à la marine anglaise ? Cette
navigation représentait, en 1840, un total de
2,181,360 tonneaux.

La seule marine anglaise y navi- guait pour un total de.. . .	2,040,655	tonneaux
Les marines étrangères pour.. .	140,705	
Total. . . .	2,181,360	tonneaux

En 1859, le total général de cette navigation
s'élevait à 5,061,152 tonneaux, ainsi répartis :

Marine anglaise.	4,183,534	tonneaux
Marine étrangère.	877,618	
Total. . . .	5,061,152	tonneaux (aa)

Quant à l'intercourse entre l'île Maurice et le
Royaume-Uni, représentée en 1843 par un total
de 32,016 tonneaux, elle s'élevait en 1849 à
59,292 tonneaux : pas un seul navire étranger ne
faisait concurrence à la marine anglaise.

En 1850, la marine étrangère vint prendre 1672 tonneaux des 55,824 qui furent transportés. En 1860, le tonnage général est de 83,208 tonneaux. La marine anglaise y est représentée pour 76,189 tonneaux (**ab**).

Pour que, malgré ces incalculables éléments de prospérité, la marine anglaise éprouvât absolument les mêmes déboires que la marine française, (et la comparaison des chiffres nous a édifiés sur ce point incontestable), il fallait qu'il se produisit autre chose qu'une de ces crises dont le temps a raison. Les esprits éclairés virent et dirent que la seule raison de cette situation était dans ce fait : que l'industrie des transports maritimes avait atteint depuis longtemps tout son développement possible et ne répondait plus aux conditions du développement sans cesse progressif de l'élément commercial. Les mieux avisés étudièrent résolument le grand problème de la vapeur, et nous devons à ces studieux clairvoyants les progrès accomplis.

L'Angleterre eut certes bien raison de ne pas s'endormir dans sa quiétude. L'annonce du percement de l'Isthme de Suez voulait dire que les Indes allaient être plus près de la France que de la Grande-Bretagne. L'activité la plus grande ne cessa de régner dans les chantiers de steamers. Mais, la France fut débordante d'activité, elle aussi, et elle oppose, relativement, à l'Angleterre, une marine à vapeur supérieure.

L'heure de la lutte suprême approche. Encore quelques mois et l'Isthme sera coupé : Il faut être prêt. L'examen de ce qu'est actuellement la marine anglaise en face de la marine française, permettra de savoir avec quelles armes il faudra combattre. C'est cette étude éminemment patriotique que nous poursuivons.

Il est consolant de constater que les statistiques accusent, sauf les cas exceptionnels, une plus grande décadence relative chez les Anglais que chez les Français.

Examinons maintenant à quelles conditions naviguent les deux marines...

Ici, encore, nos études ne porteront que sur les faits antérieurs à 1860, parce que nous désirons conserver la plus grande unité possible à ce travail, nous réservant de consacrer un chapitre spécial à la nouvelle période, qui confirmera ou rectifiera nos dires.

L'enquête de 1860 a réuni les opinions de tous ceux que rattache un lien quelconque à l'industrie de la navigation. La question de savoir dans quelles mesures la marine française pourrait lutter contre la marine anglaise dans l'ère de liberté inaugurée par le traité de commerce, fut posée à chaque séance.

Dans leur rapport sur les résultats de cette enquête, présenté au Conseil supérieur du commerce, de l'agriculture et de l'industrie, MM. Charles Combes, Piérard et Franque, délégués près le Conseil supérieur, ont pu constater :

1° « Qu'à égalité de tonnage et de qualité les navires en bois et à voiles construits en Angleterre coûtent autant, et suivant quelques-uns des déposants plus chers qu'en France ; que ces navires reviennent meilleur marché en Norwége, en Suède et en Finlande, mais qu'ils sont de qualité inférieure ; qu'ils sont beaucoup moins chers encore au Canada et dans quelques ports du nord des Etats-Unis. »

Nous avons eu l'occasion de signaler les causes de cette concurrence entre constructeurs, la navigation à voiles ayant perdu son caractère d'entreprise sérieuse pour devenir un élément de spéculation, dans lequel le navire lui-même n'est plus qu'un objet commercial.

2° « Que sous le rapport de la *durée* ordinaire, des frais annuels d'*entretien et menues réparations*, des frais de *refonte et de grosses réparations*, de la somme annuelle à consacrer à l'*amortissement*, du montant des primes d'assurance, du système de gréément et du nombre d'hommes qu'exige la manœuvre, on s'accorde à reconnaître que la marine française et les principales marines étrangères sont dans des conditions sensiblement égales. »

Il faut noter toutefois que les équipages anglais coûtent plus cher et que les dépenses de nourriture des marins anglais sont plus élevées que pour les marins français.

3° « Que les conditions dans lesquelles se fait l'armement des navires de commerce varient d'un port à un autre et suivant les circonstances en France et à l'étranger; qu'il ne paraît pas qu'il y ait là une cause d'infériorité relative pour la marine française. »

Les rapporteurs constatent, par contre, « qu'on a peu de goût en France pour les entreprises maritimes et que les capitaux s'y engagent difficilement. » En effet, les dépositions des armateurs sont unanimes à signaler le profond découragement auquel sont livrés tous les armateurs de *navires à voiles*. Le succès croissant des Sociétés organisées pour développer la navigation à vapeur prouve que les capitaux ont une entière confiance de ce côté.

Quant aux steamers, les rapporteurs constatent :

1° « Qu'ils coûtent moins cher en Angleterre qu'en France, en raison du bas prix de la matière première. » Mais ils ajoutent « que lorsque la France se trouve en concurrence avec l'Angleterre pour la construction de bons, solides et parfaits navires en fer, il est possible de lutter. »

Cette situation intéresse plus les constructeurs que les navigateurs. Il est certain que pour créer de « bons, solides et parfaits navires » les ingénieurs français sont préférables aux ingénieurs anglais. La différence de prix qui peut en résulter est peu de chose comparée au mouvement total des capitaux sur lequel opère la navigation à vapeur dont l'amortissement est calculé, on l'a vu, pour un taux relativement insignifiant. On gagne vite en durée et en bon service le surcroît des dépenses de construction.

Mais voici la déclaration la plus importante des rapporteurs, résumant avec une parfaite exactitude toutes les dépositions :

« La supériorité de nos capitaines au long-cours et maîtres au cabotage, en ce qui concerne l'instruction nautique, sur ceux des marines étrangères est généralement reconnue. Ils ne conservent pas cette supériorité, et sont peut-être même inférieurs, en ce qui concerne la pratique des affaires commerciales. »

Les chambres de commerce de Nantes et de Marseille ont exprimé le désir que l'on exigeât des capitaines au long-cours la connaissance des langues étrangères, en particulier l'anglais ; les éléments de comptabilité et de tenue des livres ; les systèmes de changes, monnaies, poids et mesures des pays étrangers, et que l'on se montrât moins exigeant pour certaines parties du programme actuel, qui sont d'une bien moindre importance.

Les délégués de ces chambres de commerce avaient certainement en vue le développement de la marine à voiles par l'augmentation du nombre des capitaines capables en même temps de conduire leurs navires et de faire du négoce. Il est évident que l'instruction des capitaines ne peut que concourir aux progrès de la navigation ; mais cette transformation, devenue nécessaire pour les voiliers, accuse une fois de plus la décadence de l'industrie pure et simple des transports maritimes puisqu'elle tend à substituer le négociant au transporteur.

L'enquête a constaté :

« Que les salaires des hommes d'équipage, moins « chers en France qu'en Angleterre, sont plus éle- » vés qu'en Suède, en Norwège et autres pays du « Nord ; que les vivres ne coûtent pas plus cher en « France et y sont même meilleur marché que « dans plusieurs pays étrangers. »

La marine française est par conséquent dans les mêmes conditions d'exploitation que les autres ma-

rines, notamment la marine anglaise qui lui est inférieure sur les points principaux.

Les doléances des armateurs français, en 1860,
ne portèrent que contre les règlements relatifs à la
construction des navires, le classement et l'inscrip-
tion maritime des ouvriers des chantiers, à la composition des équipages, à l'armement, au désarme-
ment, etc. En inaugurant l'ère tant désirée de la
liberté de l'industrie des mers, le gouvernement
français se trouvait engagé à renverser tous les obstacles qui pouvaient placer la marine française
dans une situation inférieure. Une brillante série de
décrets a déjà détruit la plus grande partie de ces
entraves.

Un sénateur de la ville de Hambourg, M. Godeffroy, entendu dans l'enquête, signale en termes
excellents les avantages de la liberté. « Nous em-
barquons, dit-il, sans frais, sans visite, sans forma-
lités d'aucun genre. Toutes les dispositions de l'armement sont laissées à la volonté de l'armateur.
Des experts visitent nos navires pour le compte des
assureurs et vérifient les armements ; si les navires
étaient mal équipés, ils refuseraient de payer....

Plus il y a de liberté, plus l'homme a le sentiment de sa responsabilité, mieux il comprend les devoirs qu'elle lui impose. Aussi, a le droit d'ajouter M. Godeffroy, sans qu'il puisse être démenti par personne : aussi, sous notre seule surveillance, nos bâtiments naviguent-ils dans de très-bonnes conditions ; les naufrages sont très-rares dans la marine de Hambourg, et pour la navigation si difficile de la Chine, nos navires sont préférés. »

Après l'Angleterre et la France, la marine marchande de Hambourg est celle qui navigue le plus entre l'Europe et l'Asie.

En résumé, le fait prouvé est celui-ci : Des entraves administratives s'opposaient au développement de la marine marchande française. Eh bien ! malgré ces entraves, nous verrons la marine marchande française supérieure à la marine marchande anglaise pendant toute cette longue période de décadence générale constatée.

Tels sont les résultats de la concurrence établie entre la France et l'Angleterre dans l'industrie de la navigation à voiles.

Il nous reste à comparer la France et l'Angleterre

dans le développement qu'a pris la navigation à vapeur.

L'Angleterre possédait en 1840, 771 navires à vapeur jaugeant 87,928 tonneaux. Elle en possédait, en 1860, 2,000, jaugeant 454,327 tonneaux (**k**).

La France qui n'avait en 1840, que 89 steamers jaugeant 9,535 tonneaux en possédait 314 jaugeant 68,025 tonneaux en 1860 (**k**).

C'est-à-dire qu'en 20 ans, l'accroissement de la marine à vapeur anglaise accusait un développement proportionnel de 417 %.

Cet accroissement est pour la France, pour la France si loin de l'Inde, circonscrite pour ainsi dire dans les opérations méditerranéennes... l'accroissement est de 613 %.

Ces chiffres sont concluants. Ils prouvent la supériorité de la France dans le développement relatif de ce genre de navigation. La Compagnie des Messageries impériales a démontré ce que pouvait accomplir l'activité et l'intelligence françaises. Nous prendrons le témoignage le plus éclatant de cette supériorité dans une déclaration émanée des administrateurs de la plus puissante compagnie anglaise : La Péninsulaire et Orientale Compagnie.

Le rapport de ces administrateurs, lu à l'assemblée de 1866, ne dissimule pas les fâcheux résultats, pour la Compagnie anglaise, de la « concurrence active des steamers français..... Le Gouvernement français, est-il dit dans ce rapport, naturellement désireux d'accroître le commerce de la France, a facilité l'extension du service des Messageries impériales jusque dans les Indes orientales et la Chine... Ce service a plusieurs avantages... Il peut apporter les lettres du Japon *dix jours avant* le service postal anglais. » Et plus loin : « Le service français a une flotte admirable. » Et plus loin encore, le président de la Compagnie anglaise s'exprime ainsi : « On a proposé que les services des postes anglaises fussent donnés aux steamers Français, s'ils voulaient prendre moins cher que la Compagnie Péninsulaire et Orientale. Il espère qu'une telle proposition ne sera pas acceptée. »

Nous ne pensons pas que l'on puisse rien ajouter à une pareille déclaration publiquement faite et reproduite par les journaux anglais.

Voilà l'état actuel de la marine française. Tout son avenir est dans cette déclaration, qui ne peut pas être suspecte. En quelques années, non seulement l'accroissement de la marine à vapeur française accuse un progrès supérieur, relativement, à la marine à vapeur anglaise, mais encore les chefs de la plus grande Compagnie anglaise redoutent la concurrence établie, en éprouvent grandement les effets, et ne dissimulent pas leur crainte.

La sûreté des opérations, l'entente admirable de l'élément nouveau de transports maritimes, l'économique organisation des services, l'intelligence active et l'ordre le plus strict, voilà ce que la marine française a opposé à la marine anglaise, dont on ne saurait méconnaître ni la hardiesse, ni l'énergie, mais à laquelle on ne peut accorder ce *je ne sais quoi* qui améliore et perfectionne de jour en jour.

Dans une navigation entièrement constituée, comme la navigation à voiles, le marin anglais, rude au travail, aventureux, devait être supérieur; mais dans une navigation toute dans sa période de formation, comme la marine à vapeur, où chaque progrès de la science de l'ingénieur amène des résultats qui se chiffrent, le génie français est en entier dans son élément.

Marseille n'avait que la Méditerranée. Les Messageries impériales se sont constituées, les forges et chantiers ont construit des navires, des Compagnies de steamers se sont formées, et aujourd'hui le quart du tonnage général est transporté par la vapeur.

Mais cela ne suffisait pas : les Messageries impériales sont allées dans les mers anglaises, aux Indes, en Cochinchine, en Chine et au Japon. Nous en avons vu les résultats.

Dans quelques mois, le canal de Suez sera livré à la navigation ; que la France soit prête, nous le répétons, et elle sera la rivale de la marine anglaise. Il faut pour cela deux choses :

1° Que les armateurs soient bien pénétrés de l'impossibilité dans laquelle se trouve l'industrie de la marine à voiles de fructifier, de vivre ;

Qu'ils sachent que les brillants succès de la navigation à vapeur ne sont qu'un commencement et qu'il faut hardiment se lancer dans cette voie nouvelle ;

8

Que les capitaux se réunissent pour l'établissement de nouveaux services à vapeurs;

Qu'enfin les chefs de Compagnies nouvelles imitent ce que firent ceux qui transportèrent les blés de la Baltique, et ce que font encore les transporteurs de charbons, des mines à Londres ; c'est-à-dire qu'ils créent de grands paquebots pouvant abaisser le fret par la quantité de marchandises qu'ils peuvent porter, en diminuant considérablement le principal élément de dépense (la consommation de charbon), en se munissant de machines perfectionnées et en marchant à petite vitesse.

En un mot, que l'industrie des transports maritimes organise des *trains de marchandises* laissant aux services postaux le rôle de *trains express*, et la navigation à voiles sera ce qu'est le roulage.

Le percement de l'Isthme de Suez ouvre à la France la porte des Indes, de l'extrême Orient. La marine française se trouve ainsi placée dans les meilleures conditions pour faire, à l'Angleterre, une redoutable concurrence.

Mais pour cela, il faut aussi :

2° Que nous connaissions parfaitement quels sont les éléments de transport sur lesquels la marine marchande pourra compter, dès le jour de l'ouverture du canal de Suez.

Nous consacrons la troisième partie de cette étude à définir exactement ce que sera cet avenir si près de nous.

Mais nous devons auparavant, dans un dernier chapitre, examiner si les faits maritimes qui se sont produits depuis 1860 confirment les conséquences que nous avons cru pouvoir tirer des faits antérieurs.

DEUXIÈME PARTIE.

La Marine marchande de 1860 à 1867.

Les études préparatoires de la grande enquête sur la marine marchande furent terminées en 1862. Toutes les chambres de commerce avaient été appelées à répondre au questionnaire très complet rédigé par le ministre du commerce; tous les armateurs à donner leur avis verbal devant la commission. Toutes les opinions furent entendues et enregistrées. La première séance eut lieu le 2 juin 1862, sous la présidence de S. Exc. M. Rouher, alors ministre de l'agriculture, du commerce et des travaux publics.

Le 28 mars 1865, S. M. l'Empereur Napoléon décréta l'envoi au Corps législatif « du projet de loi délibéré en Conseil d'État et relatif à la marine marchande. »

Le rédacteur de l'exposé des motifs du projet de loi, M. de Forcade la Roquette, alors vice-président du Conseil d'État, aujourd'hui ministre du commerce, en exprimait ainsi la portée. « Le Conseil supérieur du commerce et de l'industrie a été chargé de procéder à une enquête dans laquelle ont été entendus les représentants des chambres de commerce de nos ports et des principales villes intéressées au commerce maritime. Cette enquête, commencée au mois de juin 1862, ne s'est terminée qu'en 1863. Après avoir recueilli les faits et les opinions divers qui se sont produits, le Conseil supérieur a été appelé à émettre son avis sur les questions que l'enquête avait eu pour but d'élucider. Le projet de loi que nous venons soumettre à l'approbation du Corps législatif reproduit, dans ses dispositions principales, les solutions qui ont prévalu dans le Conseil supérieur et qui ont paru les plus favorables au progrès de notre marine marchande comme à la prospérité de notre commerce extérieur. »

Dès la première séance du Corps législatif (12 avril 1866), M. le député Ancel résumait ainsi le résultat principal de l'enquête terminée en 1863 : « L'enquête, dit-il, a revélé des opinions bien diverses, bien multiples et bien différentes sur les divers points qu'embrasse ce vaste sujet de la marine marchande. Mais il en est un sur lequel il y a eu un *accord unanime*, sur lequel le rapport fait au nom de votre commission par l'honorable M. Arman, se réunit au sentiment exprimé par tous les *déposants de l'enquête* : c'est celui qui déclare la décroissance réelle, continue, depuis plusieurs années, de la marine marchande. »

Ainsi, les faits sur lesquels se basaient en 1860 les armateurs pour signaler la situation précaire, suivant eux, de l'industrie des mers et que l'enquête préparée de 1860 à 1862, poursuivie de 1862 à 1863, retrouvait les mêmes, n'ont pas changé en 1866. La situation est identique ; mêmes souffrances et mêmes plaintes.

A un point de vue général, donc, les conditions

d'existence de la marine marchande française, de 1860 à 1866 ne se sont point améliorées.

Nous avons étudié, avec le plus grand soin, cette seconde enquête, peut-on dire, poursuivie publiquement au sein du Corps législatif, ainsi que tous les documents qui pouvaient nous éclairer sur cette question et nous avons constamment trouvé la confirmation des faits constatés dans la première partie de notre travail.

Le projet de loi soumis au Corps législatif, et voté, a pour but de délivrer l'industrie française des mers des entraves qui pouvaient arrêter son essor. Ce sera une date dans l'histoire maritime et commerciale de la France, entrée résolûment dans sa période de liberté.

Un mémoire de Colbert, au roi, constate qu'en 1664 la France n'a pas « 200 vaisseaux raisonnables » dans ses ports ; les Hollandais en avaient 16,000 en 1658. Or, en 1669, Colbert écrivait à M. de Pomponne, ambassadeur à la Haye, le 21 mars : « Le commerce de tout le monde se fait par 20,000 navires. Dans l'ordre naturel, chaque nation devrait avoir sa part, à proportion de sa puissance, du nombre de ses peuples et de ses côtes de mer. Les Hollandais en ont, de ce nombre, 15 ou 16,000, et la France 5 ou 600 au plus. » Cette légère augmentation, due aux efforts du ministre, est l'inauguration de notre industrie maritime natiotiale.... « Dans l'ordre naturel, chaque nation devrait avoir sa part à proportion de sa puissance, du nombre de ses sujets, du nombre de ses peuples et de ces côtes de mer. » On dirait, résumée dans ces lignes, la grande loi commerciale de l'Angleterre. Il est impossible de dire plus juste en moins de mots. Mais ce que Colbert ne pouvait pas prévoir, c'est que tendre à ce résultat, comme il le voulait pour la France, par des moyens factices, n'est point u e stratégie assurant la victoire, mais un expédient qui développe, pour quelques temps, les résultats heureux, au détriment du développement de l'intelligence et de l'initiative. Le protégé s'en remet au protecteur du soin de son avenir, une protection en appelle une autre et c'est un engrenage, un laminoir où le protégé vient s'aplatir dans la moins consciente des quiétudes.

Constitution de compagnies privilégiées, franchise accordée à certains ports, droit de tonnage de 50 sols sur les navires étrangers, surtaxe d'entrepôts pour le commerce du Levant, tel est le régime appliqué sous Louis XIV.

Mais le xviiie siècle n'est pas terminé que nous voyons sombrer les « compagnies privilégiées, » annuler les droits de tonnage sur pavillon étranger.

La navigation annuelle moyenne de 1787 à 1789, navigation de concurrence avec l'Europe, le Levant, les Etats Barbaresques et les Etats-Unis d'Amérique emploie 3,763 navires français jaugeant 295,231 tonneaux. A la même époque, le commerce maritime de nos ports avec nos colonies et les mers de l'Inde donnait lieu à un mouvement de navigation que les documents recueillis avant 1789 évaluent à 375,000 tonneaux.

Le régime de protection, « de prohibition » a écrit avec raison M. de Forcade La Roquette, est de nouveau accordé. En 1827, l'effectif se compose de 14,322 navires jaugeant 692,000 tonneaux. Dix ans plus tard, en 1837, on trouve 15,617 navires jaugeant 679,000 tonneaux. Le nombre des navires s'est accru de 1,300 et le tonnage présente une diminution de 13,000 tonneaux.

De 1838 à 1851, l'effectif naval reste à peu près stationnaire.

De 1851 à 1858, la marine française tend, enfin, à prendre une part « proportionnée à sa puissance » dans le mouvement commercial. Ce serait une histoire merveilleuse à écrire que les efforts accomplis pour atteindre à ce résultat. Mais la lutte qui nous vaut de grand succès finit par lasser les armateurs On constate, en 1859, un « certain affaiblissement dans notre effectif naval » écrit le rédacteur de l'exposé des motifs du projet de loi.

C'est en 1859, en effet, que les plaintes des armateurs deviennent les plus vives; c'est en 1859 que la nécessité d'une enquête devient évidente.

Cette situation se continue jusqu'en 1863, ainsi que l'enquête le prouve; et jusqu'en 1866, suivant l'opinion de la commission du Corps législatif.

Le règne de la protection est terminé. La liberté conduira à la prospérité de la navigation, comme elle a conduit nos colonies à la prospérité. « La prospérité de nos colonies, a écrit M. le vice-président du conseil d'État, ne commence, en réalité, qu'à l'époque où, débarrassées du privilége des grandes Compagnies, elles furent livrées à l'initiative individuelle des négociants et des armateurs de nos ports. »

L'application du régime de la liberté à l'industrie des mers conduira au même résultat.

Cependant le gouvernement français a compris que ce serait compromettre cet avenir que se lancer en aveugle dans une voie où les concurrents pourraient ne pas le suivre. Le projet de loi a sagement prévu le cas de « légitime défense» dirons-nous volontiers. L'art. 7 « réserve au gouvernement le droit d'établir sur les navires étrangers les surtaxes qui pourraient être nécessaires pour *compenser* les désavantages dont le pavillon français pourrait être frappé par certaines puissances. »

En accordant aux navires étrangers, en France, un traitement plus libéral que par le passé, le gouvernement n'a pas entendu accorder des faveurs à tel ou tel pavillon : il a en vue les intérêts généraux du commerce français ; il offre aux autres nations maritimes d'entrer, comme. *il en donne l'exemple lui-même*, dans un système de libre concurrence favorable aux relations internationales ; mais il doit conserver toute sa liberté d'action vis-à-vis des puissances qui persisteraient dans un système restrictif ; il doit pouvoir réagir, au besoin, contre des actes qui seraient contraires à nos intérêts.

Cette sage prévoyance éclate tout entière dans cette proposition du secrétaire du congrès des États-Unis qui demandait une taxe de 5 pences par livre de coton ; ce qui équivaut à 10 centimes par kilogramme, soit un total protectif de 250 millions de francs environ.

L'enquête et la longue discussion du projet de loi au Corps législatif ont parfaitement démontré la nécessité de faire entrer l'industrie maritime française dans le régime de la liberté. Dans sa remarquable *étude commerciale*, M. Lissignol a très-bien défini la situation de la marine française et les heureux résultats de l'enquête : « Si, par une heureuse inspiration, et malgré de vives plaintes, le gouvernement n'avait pas compris que la liberté était le seul moyen de forcer tous les aveux, d'appeler tous les concours et de supprimer des abus

9

innombrables, notre commerce maritime aurait continué à vivre dans un ensemble de conditions qui devraient amener en peu de temps sa ruine générale et peut-être irrévocable. »

« Nous voici donc entrés dans une période de libre concurrence entre tous les pavillons. Le succès et la prospérité appartiendront aux plus intelligents et aux plus habiles. C'est à nous de mesurer nos forces et de supputer nos moyens de lutte. Nous devons rompre avec toutes les illusions du passé, *et surtout avec la dangereuse fantasmagorie d'une tutelle protectrice de par l'État.*

« Le moment est critique : déjà, *depuis plusieurs années, la marine marchande française s'amoindrit.* On construit peu ou point ; les armements se restreignent, etc... »

Qu'elle est, maintenant, la situation commerciale de la France?

D'après les documents officiels, le commerce général extérieur de la France était de 7 milliards 328 millions. On sait que le commerce général se divise en deux parties : 1° le commerce par mer, et 2° le commerce par terre.

Le commerce maritime
est représenté par une
valeur de. . . . . . . 5 milliards 135 millions.
Le commerce par terre,
une valeur de. 2   —   193   —

Total. . . . . 7 milliards 328 millions.

Quand on songe que le mouvement commercial est, en quelque sorte, de création récente, relativement au mouvement commercial des premières puissances maritimes, on est tenté d'en détailler l'accroissement.

En 1815, le commerce Français était « presque complétement anéanti », suivant une expression de M. le vice-président du Conseil d'État.

En 1827, malgré la prospérité commerciale de la Restauration, la valeur totale du commerce général extérieur n'atteint pas 1 milliard. Le système protecteur s'épanouissait cependant aussi complétement que possible.

En 1862, les *exportations* s'élevaient à 3 milliards,

En 1863, elles dépassent 3 milliards 500 millions.

En 1864, elles atteignent 4 milliards.

L'importation et l'exportation réunies, examinées par périodes décennales, nous donnent les chiffres suivants :

En 1835, le total de nos importations et de nos exportations s'élevait à 1 milliard 595 millions.

Dix ans après, en 1845, ces échanges atteignaient le chiffre de 2 milliards 428 millions.

En 1855, la totalité est de 4 milliards 327 millions.

En 1865, le chiffre de 7 milliards 614 millions de francs est atteint (f).

En tenant compte des évaluations douanières fixées, il y a dix ans encore, suivant un tarif qui datait de 1827, et qui évaluait à des prix beaucoup trop élevés, on arrive à cette conclusion : que *le commerce général de la France a quintuplé en trente ans !*

La même situation se constate si l'on abandonne les chiffres du commerce général qui comprennent, comme nous l'avons dit, le commerce par terre et le commerce par mer, pour étudier l'accroissement du commerce maritime.

En 1860, le commerce maritime de la France était de 4 milliards 119 millions (**q**).

En 1864, il atteint le chiffre de 5 milliards 137 millions, soit une progression de 1 milliard en cinq ans.

Le progrès du commerce maritime, de 1856 à 1860, c'est-à-dire pendant la période quinquennale précédente n'avait été que de 246 millions.

En 1865, le chiffre de 5 milliards 730 millions est atteint (**q**).

En 1866, 6 *milliards* 341 *millions*, soit :

En importations. . . . . . .   2,950,662,000 fr.
En exportations.   3,390,528,000

Total. . . . . .   5,341,190,000 fr.

Et cependant, en 1866, la guerre, les inondations et les épidémies ne paraissaient guère permettre un tel progrès. « L'année 1866, écrivait M. Horn, a continué la marche ascendante que suit imperturbablement notre commerce extérieur depuis que les principes de liberté régissent son fonctionnement. »

L'augmentation des importations en 1866, sur 1865, est donc de 12 %.

Celle des exportations de un peu moins de 10 %.

Nous avons constaté, dans la première partie de ce travail, l'accroissement incessant du commerce français coïncidant avec la décadence de la navigation. Nous voyons que de 1860 à 1866 la même situation se produit.

De 1860 à 1866 se retrouve aussi cette preuve évidente de l'état précaire dans lequel se trouve l'industrie des mers.

Nous avons vu qu'en 1789 la navigation française à l'étranger et aux colonies était de 670,000 tonneaux.

En 1825, on retrouve le même chiffre de tonnage.

En 1864 ce chiffre est de 3,356,637.

Quant au matériel naval, il était en 1825 de 14,322 navires jaugeant ensemble 692,000 tonnes.

En 1851 : 15,617 navires jaugeant ensemble 824,000 tonnes.

En 1858 : 15,187 navires jaugeant 1,300,000 tonnes.

En 1864 : 15,184 navires jaugeant 1,248,000 tonnes.

Ainsi en 1864 on constate une diminution!

La conséquence à tirer de ces chiffres, nous l'emprunterons à M. Pagezy : « Il résulte de ces constatations, disait cet honorable député, dans la séance du Corps législatif du 12 avril 1866 : que le mouvement de la marine marchande n'est pas proportionnel à l'énorme développement de notre commerce : C'est un fait certain qu'il est impossible de nier. »

En 1866, la situation est identique. On constate encore une diminution. Voici comment un journal commercial de Marseille, le *Sémaphore*, apprécie cette situation : « La *satisfaction* que peuvent inspirer à juste titre les derniers états de douane résumant le *mouvement commercial* de l'année 1866, entre la France et l'étranger, ne saurait qu'être fortement tempérée par l'examen des résultats traduits en chiffres dans *le tableau de la navigation*.

« Le mouvement des navires chargés, opérant entre les ports français et les ports étrangers, avec les colonies françaises et les navires employés à la grande pêche, se résume ainsi (i) :

« Entrée : — Total : 29,428 navires jaugeant 5,484,788 tonneaux en 1866, contre 29,027 navires jaugeant 4,989,889 tonneaux en 1865, et 28,395 navires jaugeant 4,661,947 tonneaux en 1864.

« Un fait frappe tout d'abord, écrit le rédacteur du *Sémaphore :* le nombre des navires français a décru de 548 navires, mais le tonnage a augmenté de 62,633 tonneaux, *ce qui indique une tendance à l'emploi de plus forts bâtiments, surtout pour la navigation à vapeur.* La marine à voiles ne saurait être dans le même cas, et il nous paraît fort probable que la diminution doit peser sur elle. »

Même constatation dans le résumé de la sortie :

En 1866, 21,909 nav. jaugeant 3,926,448 tonn.
En 1865, 22,139   —   3,593,220   —
En 1864, 20,236   —   3,226,453   —

« Il faut ici constater, continue le rédacteur, qu'il y a diminution dans l'ensemble des navires tant français qu'étrangers, quoiqu'il y ait accroissement de tonnage (i). »

Après avoir reconnu que l'industrie française des mers tend chaque jour à accuser une nouvelle décadence, malgré l'augmentation du mouvement commercial, il nous resterait à constater la même situation quant aux marines marchandes des autres nations maritimes. Mais un fait nous permet de négliger cette constatation. Il est évident, en effet, que de toutes les marines commerciales, la marine française est celle qui accuse le plus de progrès relatifs.

Nous choisirons, pour mesurer toute l'importance de cette situation, la navigation directe avec l'Inde. Nous ne serons pas contredits si nous avançons que cette navigation est celle où la France et l'Angleterre se trouvent en face l'une de l'autre luttant avec le plus d'énergie. Nous serons loin, certes, de cet avenir que le percement de l'Isthme de Suez réserve à la marine française, pour la navigation entre l'Inde et l'Europe, mais nous constaterons déjà un immense progrès, accompli en quelques années seulement, depuis que le chemin de fer égyptien, d'Alexandrie

9.

à Suez, a permis l'établissement d'une ligne de paquebots français entre Suez et les mers d'Asie.

En 1859, le mouvement commercial avec l'Égypte
était à l'importation de 21 millions, les cotons figu-
rant dans ce chiffre pour 5 millions. (Il est important de signaler la part prise par le commerce
égyptien du coton, si largement favorisé par la
guerre américaine.)

En 1864, le chiffre d'importation s'élève à
101 millions 800,000 francs, les cotons compris
pour 60 millions. — En enlevant de ces totaux les
chiffres résultant du commerce du coton, il reste :

En 1859, 16 millions à l'importation ; en 1864 :
41 millions 800,000 francs.

Le commerce d'exportation donne les chiffres
suivants :

En 1859. . . . . 18 millions.
En 1864. 96   —

Tel est le progrès chiffré de nos relations commerciales avec l'Océan indien, depuis que le chemin
de fer égyptien a relié la Méditerranée à la Mer
Rouge. L'Égypte n'a pas consommé ces 96 millions;

ils représentent bien le mouvement commercial par navires français entre l'Europe et les ports de l'Océan indien, favorisé par le chemin de fer égyptien, cette préface du canal de Suez, et servi par les paquebots des Messageries impériales.

Le progrès — progrès relatif comparé aux autres marines — de la marine française, peut s'étendre de la partie au tout, et nous allons le constater sur la totalité du mouvement maritime de concurrence.

Sous la Restauration, l'effectif naval français se composait de 14,500 navires représentant 692,000 tonneaux. La part du pavillon français était de 29 %, celle du pavillon de la puissance de 56 %, celle du pavillon tiers de 15 %.

Sous le gouvernement de Juillet, la part du pavillon français est encore de 29 %.

De 1851 à 1860 la part du pavillon français s'élève à 44 % tandis que la part du pavillon de la puissance descend à 47 % et celle du pavillon tiers à 8 1/2 % (r).

Pendant ce temps, la marine anglaise voit diminuer la part qu'elle prend dans le propre commerce anglais :

En 1840 la part du pavillon anglais dans la navigation générale est de 69 %.

Cette part descend à 57 % en 1860.

Elle était de 80 % en 1821 et de 74 % en 1830.

En conséquence, la part du pavillon étranger, qui n'était que de 20 % en 1821, monte à 26 % en 1830; à 31 % en 1840 et à 43 % en 1860 (**x**).

Est-ce là une révolution qui doit nous surprendre et faut-il n'attribuer qu'à des conditions exceptionnelles un succès qui ne serait que passager? Que l'on se rappelle qu'avant 1792 la marine marchande française était l'égale de la marine marchande anglaise et que nous faisions à cette époque, suivant l'expression de M. Plichon « la concurrence la plus sérieuse et souvent la plus heureuse à l'Angleterre. » Pendant cette période glorieuse de nos luttes continentales, les anglais se sont emparés de notre commerce; ils ont détourné à leur profit les grands courants commerciaux qui convergeaient vers la France. Ils se sont établis partout où nous étions les maîtres, et quand, avec la paix, nous sommes rentrés dans la lice, notre effectif naviguant n'existait plus, notre commerce n'avait plus une relation au dehors. »

La France qui est plus grande et plus peuplée que l'Angleterre doit cesser de s'adresser à sa voisine pour s'approvisionner. Le succès lui est assuré si elle veut l'atteindre.

Nous venons de parler du progrès déjà accompli. Comparons ce progrès en France et en Angleterre. S'agit-il du mouvement maritime complet, du total des navires tant chargés que sur lest! voici le résultat :

De 1840 à 1850 ce mouvement s'accroissait de 35 % en Angleterre et de 23 % en France.

De 1850 à 1860, il s'accroît en Angleterre de **40** %/° et en France de **48** %.

S'agit-il de l'effectif des navires?

De 1840 à 1850 cet effectif s'accroît de 28 % en Angleterre et de 1 % en France.

De 1850 à 1860, il s'accroît en Angleterre de **35** % et en France de **47** %.

S'agit-il de l'effectif des seuls navires à voiles?

De 1840 à 1850 cet effectif s'accroît en Angleterre de 27 % et de 3 % en France.

De 1850 à 1860 il s'accroît en Angleterre de
27 °/₀ et en France de **37** °/₀.

S'agit-il enfin de l'effectif des seuls navires à
vapeur?

De 1840 à 1850 cet effectif s'accroît en Angleterre de 91 °/₀ et de 46 °/₀ en France.

De 1850 à 1860 il s'accroît en Angleterre de
169 °/₀ et en France de **388,5** °/₀.

Ces chiffres sont concluants; mais nous voulons
encore y ajouter ceux-ci :

De 1840 à 1850, dans ce mouvement commercial, la France a une part de 40 °/₀ et l'Angleterre
de 70 °/₀.

De 1850 à 1860, la part de l'Angleterre perd
12 °/₀, elle n'est plus que de 58 °/₀, tandis que la
part de la France augmente : elle est de 42 °/₀.

Et cependant l'accroissement des transports maritimes est énorme en Angleterre ! A l'époque où la
réforme a eu lieu ce mouvement était d'environ 12
millions de tonneaux ; aujourd'hui, c'est-à-dire 9
ans après, le mouvement a doublé, il est d'environ
24 millions de tonneaux. Eh bien! sur ces 24 millions de tonneaux, la marine anglaise en transporte

14 millions et les marines étrangères 10 mil-lions !

Enfin, pour donner la mesure de ce qu'est de-venu le mouvement commercial anglais en le com-parant au chiffre de la population, nous trouvons les chiffres suivants :

En 1854 les importations de marchandises de l'étranger et des colonies dans le Royaume-Uni atteignaient une valeur de 5,860,204,145 fr. soit 139 fr. par tête.

En 1866 cette somme atteint 7,437,154,735 fr., soit 249 fr. par tête.

En 1854 l'exportation des produits des ma-nufactures anglaises atteignait une valeur de 2,459,055,075 fr. soit 89 fr. par tête.

En 1866 ces exportations s'élevaient au chiffre de 4,459,560,182 fr. soit 159 fr. par tête.

En réunissant l'exportation des produits colo-niaux et étrangers à la valeur totale des importations et exportations du Royaume-Uni, nous obtenons les chiffres suivants :

En 1854 : 6,758,895,654 fr., soit 244 fr. 30 par tête.

En 1866 : 13,457,088,616 fr., soit 449 fr. 40 par tête.

Et c'est pendant que le mouvement commercial anglais prend de telles proportions que l'industrie des mers, que le commerce des transports maritimes périclite.

Et c'est l'Angleterre, la nation maritime par excellence, qui se montre inférieure à la France dans la part que tend à prendre sa marine marchande dans le mouvement commercial national !

Ces chiffres, puisés aux sources officielles, pourraient paraître contradictoires avec l'accroissement momentané d'effectif et de tonnage qu'à présenté, dans certaines statistiques, la marine marchande anglaise pendant la guerre d'Amérique. Il est indispensable de signaler les causes de cet accroissement momentané.

Pendant la guerre de l'Amérique, 800,000 tonneaux américains ont été vendus ou transférés à l'étranger et sur ce nombre 480,682 ont été enregistrés en Angleterre. Cette combinaison a apporté une plus-value d'effectif de 391,000 tonneaux à la marine anglaise. Ces chiffres concordent d'ailleurs avec les termes du rapport présenté par M. Mac Culloch, secrétaire de la trésorerie, à la chambre des représentants de Washington. Il résulte de ce rapport que la marine des États-Unis étant évaluée à environ 5 millions de tonneaux « avant le commencement des hostilités avec les confédérés ; » après la lutte, 901,000 tonneaux *avaient disparu des registres des États-Unis.*

La loi votée en 1866, en France, paraît-elle devoir favoriser l'extension de la marine marchande française?

Dans la séance du 18 avril, M. le Ministre d'État fournissait au Corps législatif les chiffres suivants :

Au 1er janvier 1865, les marins engagés dans la marine marchande au long cours étaient au nombre de 21,833 ;

Au cabotage de 32,360 ;

A la petite pêche de 32,186.

Au 1er janvier 1866, le nombre des déclarations s'élevait, pour la marine marchande au long cours, à 24,548, soit une augmentation de 13 % ;

Au cabotage le nombre s'élevait de 32,000 à 37,000 ;

A la petite pêche de 32,000 à 33,000.

Nous formons patriotiquement des vœux pour que cette augmentation du personnel marin, se produisant au moment même où la loi nouvelle consacrait la période de liberté dans laquelle entre l'industrie des mers, soit l'heureuse inauguration d'un développement maritime concordant avec le développement commercial. La liberté maritime avait les mêmes raisons d'être que la liberté commerciale et doit produire les mêmes résultats.

Il était impossible, d'ailleurs, que les transporteurs restassent sous un régime protectionniste pendant que les producteurs vivaient sous un régime libéral.

La situation commerciale résultant de la liberté commerciale démontre cette vérité. Les importations de tissus de soie, de coton, de lin et de chanvre s'élevaient en France, en 1861, à 48 millions. En 1865 elles atteignaient le chiffre de 76 millions : c'est une augmentation de 28 millions en 4 ans. Les exportations des mêmes produits, qui s'élevaient en 1861 à 591 millions, ont atteint 905 millions en 1865 : soit 314 millions d'augmentation.

Un semblable avenir appartient aux armateurs. Est-ce que ces marchandises importées et exportées ne leur sont pas une importante augmentation de tonnage ? Si quelque doute est encore dans leur esprit, qu'ils questionnent les armateurs de Hambourg, la ville libre par excellence et qui sait pratiquer la liberté ; l'effectif de la marine marchande de Hambourg a *triplé* dans l'espace de 10 ans !

Pour prendre un exemple concluant, en France même, citons le port de Marseille qui jouissait, par exception, d'une partie de cette liberté qui vient d'être étendue à tous les ports. Le mouvement maritime de ce port, à la sortie, était de 449,000 tonneaux en 1827 ; le pavillon français prenait 198,000 tonneaux.

En 1847, le mouvement est de 1,500,000 tonneaux et le pavillon français en transporte 558,000.

En 1865, le mouvement est de 2,334,000 tonneaux, le pavillon français compris pour 1,352,000 tonneaux.

Le trafic général des ports de Marseille, suivant l'exposé de la situation de l'Empire français en

1863, s'établissait ainsi qu'il suit, de 1827 à 1862, par périodes triennales :

1827.	848,764 tonnes.
1832.	1,105,000 —
1835.	1,075,000 —
1838.	1,457,580 —
1841.	1,660,000 —
1844.	2,002,364 —
1847.	2,932,005 —
1850.	1,565,028 —
1853.	2,370,510 —
1856.	3,589,242 —
1859.	3,074,758 —
1862.	3,473,000 —

Quel plus bel exemple de prospérité pourrait-il être cité !

Le progrès de la marine française se remarque surtout dans la navigation de long cours. On sait que cette navigation comprend l'Afrique occiden-tale, l'Amérique, l'Asie et l'Océanie.

En 1860, les transports maritimes sous pavillon

français s'élevaient pour cette navigation à 565,000
tonneaux ;

En 1864, ils atteignaient 715,000 tonnes.

Pendant la période quinquennale précédente, la
progression n'était que de 100,000 tonneaux.

Elle est pour cette dernière période de 150,000
tonneaux, soit une augmentation de 50 %.

Des chiffres extraits des tableaux des douanes
pour 1864, il ressort ce fait que pour la navigation
avec les pays hors d'Europe, notre marine est représentée par 2,554 navires jaugeant 945,000 tonneaux, tandis que les marines étrangères ne sont
représentées que pour 947 navires jaugeant 379,000
tonneaux.

Tels sont les éléments qui ont formé notre conviction. Il est incontestable que la marine française est,
relativement, dans une situation supérieure à la situation des autres marines rivales. Si elle souffre, si
les armateurs se plaignent, si les progrès accomplis
ne le sont qu'au prix de grands sacrifices, c'est
qu'une transformation est devenue nécessaire, indispensable. Or, pour opérer cette transformation avec
succès, les efforts les plus méritants seraient in-

fructueux s'ils n'étaient basés sur une connaissance profonde des conditions que doit subir l'industrie des mers et surtout des nécessités d'avenir auxquelles elle doit satisfaire.

La marine française ne doit donc pas seulement étudier le problème d'avenir qu'aura pour elle la prochaine ouverture du canal de Suez ; mais encore connaître à fond le problème actuel de sa propre existence.

C'est pour cela qu'après avoir tenté patriotiquement de donner à la marine marchande française la vraie conscience de sa valeur et avant d'essayer dè prévoir ce que sera cet avenir si proche, nous allons chercher à définir ce qu'est le présent.

Le souvenir des souffrances du commerce français pendant cette période guerrière dont nous avons parlé est encore si vif dans l'esprit de nos pères et le progrès accompli a coûté tant d'efforts, que de nombreux préjugés se sont répandus quant aux conditions d'existence de la marine marchande française et que ces préjugés subsistent encore alors que la période d'épreuve est pour ainsi dire terminée.

Nous devons signaler quelques-uns de ces préjugés.

La France, a-t-on dit, dit-on encore, n'a pas assez
de fret de sortie pour que sa marine prospère. M. le
député Ancel se fit un jour l'écho, à la Chambre, de
cette opinion, que l'honorable représentant exprimait ainsi : « Les armateurs français seraient heureux s'ils pouvaient disposer d'un fret de 1,300,000
tonneaux. » L'honorable M. Pagezy n'eut qu'à ouvrir les états des douanes françaises pour montrer
à M. Ancel, et aux armateurs au nom desquels il
avait parlé, que le fret de sortie s'était élevé en 1864
à 3,225,000 tonneaux.

M. le vice-président du conseil d'État fit plus
encore : il démontra par des chiffres que le fret de
sortie, en France, augmentait d'année en année
dans de notables proportions.

Ces chiffres avaient leur éloquence. Cependant
le préjugé ne voulut pas s'avouer vaincu, et la
plus intéressante des discussions se produisit à ce
sujet.

M. Thiers ne put s'élever contre ces chiffres ;
mais il essaya de démontrer fort habilement qu'ils

ne prouvaient rien. Ce raisonnement de M. Thiers
est encore celui des armateurs qui persistent dans
leur opinion. Il divise les produits français en deux
catégories : les produits pauvres et encombrants,
et les produits riches. Les exportations en 1860,
dit-il, étaient d'environ 3 milliards 500 millions ;
or, dans ce chiffre, les soies, les tissus de soie,
les tissus de laine, les tissus de coton et les matières
précieuses représentent une valeur de 2 milliards
104 millions. Il reste 1 milliard 496 millions de
marchandises encombrantes qui seules constituent
du tonnage. « Voilà, dit-il en terminant, l'explication de ce phénomène, que la France n'a pas de
fret de sortie. » Soit; admettons le calcul ingénieux
de M. Thiers. Mais ignore-t-on que les marchandises paient un fret proportionnel à leur valeur ?
Ignore-t-on qu'un tonneau de soie, par exemple,
paie souvent 10 fois plus cher qu'un tonneau de
houille ? Qu'un navire soit chargé au quart de son
tonnage de marchandises riches payant un fret
important, et tout le reste du chargement sera pour
ainsi dire un bénéfice.

Cette combinaison possible des chargements

mélangés de produits riches et de produits pauvres est, au contraire, une des raisons du succès relatif de la marine française comparée aux autres marines. La France est admirablement favorisée pour cela ; elle produit beaucoup de marchandises riches : citons les soieries et les vins.

En ne consultant pas les chiffres officiels, les statistiques, et en se contentant de raisonner, les armateurs se sont entretenus dans leur erreur. Dans l'enquête dont nous nous sommes occupés, on a souvent produit le chiffre important de 5 millions de kilogrammes de café qui provenaient des entrepôts anglais; mais on oubliait de remarquer que nos propres entrepôts livraient pour 22 millions de kilogrammes de cette même marchandise à l'Allemagne, à la Suisse et à l'Italie.

Puisque nous venons de parler de la concurrence que semble faire à la marine française la marine anglaise, combattons encore un préjugé trop enraciné.

Le manque de fret de sortie ne peut produire qu'un résultat, c'est-à-dire le départ des navires sur lest. Eh bien, si nous comparons le *chargé* et

10

le lest des deux marines, nous obtenons les résultats suivants pour 1860.

En France (**s**) :

Sous pavillon français, chargé 81 $°/_0$, lest 19 $°/_0$.

En Angleterre (**z**) :

Sous pavillon anglais, chargé 85$°/_0$, lest 15 $°/_0$.

Où est l'infériorité si grande de la France?

Faut-il prendre la navigation totale des deux pays, au lieu de relever, comme nous venons de le faire, la seule navigation sous pavillon national? Voici en quels termes M. le commissaire du gouvernement s'exprimait au Corps législatif, dans la séance du 13 avril 1866 : « Si vous voulez comparer le chargé et le lest dans les deux pays, vous trouverez que, en Angleterre, la proportion du lest sur le chargé est de 18 $°/_0$; tandis que, en France, cette proportion est de 20 $°/_0$, » et plus loin : « Si au lieu du chiffre relatif vous prenez le chiffre absolu, vous arriverez à constater qu'il sort d'Angleterre, *sans chargement*, 4,670,000 tonnes, et qu'il sort en France, dans les mêmes conditions, 1,925,000 tonnes. Et encore dois-je ajouter que, parmi ces 1,925,000 tonnes, il résulte des relevés qui ont été faits par l'administration des douanes qu'il y a environ 300,000 tonnes sous pavillon français *qui se rendent en Angleterre pour y prendre un chargement.* »

Il est vrai que cette immense amélioration de la marine française, quant au fret de sortie, est pour ainsi dire toute récente et qu'elle surprend bien des esprits. Et cependant des faits aussi patents que les chiffres qui en résultent sont à citer. Pour ne parler que de l'exportation des houilles françaises, rappelons que tout le bassin de la Méditerranée, il y a quelques années à peine, n'était alimenté que de charbons anglais; (Marseille en recevait 200,000 tonneaux). Aujourd'hui Marseille ne reçoit pas plus de 1,000 tonnes de charbons anglais et en *exporte* 150,000 tonnes venant des mines de l'intérieur.

La navigation française présente-t-elle aux négociants toutes les garanties désirables? Il nous faut aussi répondre à cette question qui se produit quelquefois. Nous demanderons la réponse aux assureurs et nous invoquerons le témoignage de M. Thiers. « Nos capitaines, dit-il au Corps légis-

latif, dans la séance du 14 avril 1866, nos capitaines sont excellents, nos équipages excellents
aussi; et il y a, de toutes ces qualités, des juges
sûrs et infaillibles, ce sont les compagnies d'assurances qui assurent nos vaisseaux *à meilleur mar-*
ché que ceux des autres nations. »

Est-ce que cette supériorité relative, partout
constatée, de la marine française l'est au détriment
de la concurrence qu'elle doit vaillamment soutenir contre les autres marines? Bien au contraire,
on peut affirmer que la marine marchande française est descendue aux plus minimes conditions
de meilleur marché. « En ce moment, disait
M. Plichon, en avril 1866, M. le Ministre de la
marine charge à Dunkerque des houilles à destination des Antilles moyennant 15 francs par tonneau » et l'honorable député avait raison d'ajouter :
« Je vous demande s'il est possible de naviguer à
meilleur compte et si les Anglais eux-mêmes navi-
gueraient à ces conditions. »

Mais cette question du taux du fret nous conduit à cette partie de notre travail qui doit dé-
noncer la faiblesse des conditions économiques de

la marine marchande. Une pareille étude est excellente à faire et profitable à exposer après que l'on a prouvé la supériorité de la marine française, telle qu'elle est, comparée aux autres marines,

Nous retrouvons, après 1860, la même décroissance dans les chiffres des constructions maritimes que nous avions constatée, régulière, de 1840 à 1860. Le dernier document que nous ayons lu à ce sujet, est consigné dans les *Annales du commerce extérieur* publiées par le ministère français du commerce, livraison de février 1867. Il est relatif aux constructions navales de la Tyne en 1866. Le nombre des navires construits qui s'élevait en 1864 à 98 bâtiments jaugeant 52,855 tonneaux et en 1865 à 123 bâtiments jaugeant 74,359 tonneaux, est tombé, en 1866, à 62 bâtiments jaugeant 35,836 tonneaux. Le rédacteur de ce document officiel explique ainsi ce fait : « Il convient d'ajouter que depuis quelque temps la baisse graduelle du taux du fret indiquait un manque de proportion entre le tonnage offert et la quantité de tonnes à transporter. La diminution des constructions nouvelles, *combinée avec les nombreuses*

10.

destructions causées par les sinistres de mer, réta-
blira naturellement l'équilibre entre l'offre et la
demande et pourra par suite amener une hausse
dans le cours des affrètements de cette année. »

C'est donc au moment d'un développement commercial immense que l'industrie des mers en est
réduite à compter sur les sinistres de mer pour
améliorer sa situation.

Un autre document plus récent encore, puisqu'il
date du 6 juillet 1867, et très-intéressant, puisqu'il
donne le mouvement d'une navigation facile, de
courte durée, bien connue : la navigation française
avec la Norwége en 1866, est sous nos yeux. « La
navigation française avec la Norwége a employé en
1864, 458 navires jaugeant 55,367 tonneaux. Ces
chiffres présentent une notable diminution sur ceux
de 1865 et d'après les documents récents cette situation ne paraît pas devoir s'améliorer. Parmi les
causes qui contribuent à ce ralentissement de nos
opérations maritimes, se place en première ligne la
diminution qui s'est produite dans les frets. Pour
ne citer qu'un exemple, le fret de Christiania pour
Calais qui, en 1865, était de 32 à 33 fr. par stan-

dard est tombé à 26 francs en 1866 ; et actuellement un navire trouve difficilement un chargement au prix de 23 fr. par standard. »

Le fret! c'est la seule recette de l'industrie des transports maritimes. Nous avons signalé le peu de stabilité de cet élément de recettes. Nous voyons que depuis 1860 le taux est devenu extraordinairement bas. Pendant que le fret diminue, que les navires voient descendre constamment le chiffre de leurs recettes, les dépenses au contraire augmentent notablement, toujours, après comme avant 1860.

On voit, surabondamment, que les faits constatés avant 1860 restent les mêmes après cette époque.

Nous avons établi le total des dépenses d'un voilier, et nous avons vu que cette industrie ne paraissait pas pouvoir, telle qu'elle existe, continuer la lutte qu'elle soutient avec acharnement. Nous devrions établir le même calcul avec les documents postérieurs à 1860 : la bonne fortune nous est donnée de laisser parler M. Thiers. Cet honorable député s'exprimait ainsi en avril 1866, s'adressant aux députés de la nation. « Permettez-moi de vous faire le budget pour un bâtiment de 500 tonnes de jauge pouvant en porter 700 : voici des chiffres qui ont été présentés, non sous mon nom, mais d'après mes calculs, *il y a 25 ans*, dans un rapport fait au nom de la commission des douanes. Ces chiffres, *je les ai refaits il y a deux ans ;* je les ai *refaits encore* lors de la discussion sur les sucres, *je les ai refaits ces jours derniers*, les voici : Pour un bâtiment de 500 tonneaux pouvant en porter 700, un bâtiment d'excellente qualité qui peut rivaliser avec les meilleurs bâtiments des marines étrangères, voici quelles sont les dépenses. Il y a 500 tonnes de jauge à 400 fr. du tonneau, le bâtiment coûtera 200,000 fr., l'intérêt à 5 %, 10,000 fr., l'amortissement 8 %, c'est 16,000 fr., les assurances 7 % font 14,000 fr.

Voilà déjà 40,000 fr. de frais. (M. Thiers aurait pu ajouter, en invoquant toutes les dépositions de l'enquête, qu'il diminuait singulièrement ces frais en diminuant les taux d'intérêts, d'amortissement et d'assurances et en omettant les frais de refonte, de grosses réparations, etc., etc.) Sur un bâtiment pareil il faudrait de 15 à 16 ou 17 hommes d'équipage, ce qui suppose 15,000 fr. pour les gages, pour le moins 12,000 fr., cela fait 27,000 à ajouter à 40,000 fr., en tout 67,000 fr. Il y a des frais dans les ports, des frais de diverses natures, je les porte à 12 ou 13,000 fr., cela fait 80,000 fr. *Pour 80,000 fr. de frais ce bâtiment pourra naviguer une année.* Il ira deux fois aux Antilles, ou une fois dans l'Inde. »

M. Thiers étudie ensuite l'élément des recettes et suppose la meilleure année de navigation possible ; il combine pour cela le voyage le plus lucratif, sans avaries, sans retards, sans défaut de fret, l'idéal du voilier en un mot. Voyons cet idéal : « Il (le navire) va à Bourbon et il peut avoir, s'il n'est pas trop maltraité des circonstances, 40 fr. du tonneau pour prix du fret. A Bourbon il décharge sa cargaison. Il va sur lest à Coromandel ou à Calcutta où le fret est plus rémunéré, mais où les frais sont plus considérables. S'il va à la côte de Coromandel seulement, et qu'il rapporte du riz à Bourbon, il pourra obtenir encore 50 fr. de fret ; 50 et 40 font 90. Si de Bourbon, il trouve un retour avantageux, il pourra avoir 80 fr. de fret encore, cela fait 170 fr. — Sur 700 tonneaux, c'est 119,000 fr., disons 120,000 fr. »

Des frets de 40, 50 et même 80 fr.? ce dernier
au départ de Bourbon!

Mais continuons à laisser parler M. Thiers. Voici
le voyage de ce qu'il appelle une mauvaise année.
« Il peut ne trouver que 30 fr. pour aller à Bourbon. Il peut quelquefois ne rien gagner en allant à
la côte de Coromandel, mais il peut gagner aussi un
modique fret de 20 fr. pour revenir de la côte de
Coromandel à Bourbon, chargé de riz. Au retour il
peut ne trouver que 40 fr. pour revenir en France.
J'ai une lettre de Bordeaux dans laquelle il est constaté qu'un vaisseau rentré récemment n'a pas pu
obtenir plus de 21 fr. pour revenir de Bourbon. Je
suppose que le vaisseau dont je fais le compte aura
40 fr. Voilà 90 fr. pour 700 tonneaux de port réel,
cela donne un produit de 63,000 fr. pour une année
de navigation. »

Déficit sur la dépense minimum chiffrée par
M. Thiers : 17,000 fr., et pas un jour de retard,
pas une fausse opération, pas une avarie, et des
frets en hausse!

Nous n'avons plus rien à ajouter pour démontrer
l'impossibilité absolue dans laquelle se trouve ac-

tuellement la marine à voiles de procurer des bénéfices aux armateurs.

Tout ce qu'il était possible de faire a été tenté pour améliorer le sort de la marine à voiles. Les gréements ont été réduits à leur plus simple expression ; on a demandé des bâtiments aux constructeurs américains ; on a changé les formes ; il ne reste, pour ainsi dire, plus rien à essayer, rien. On a même été jusqu'à compromettre l'existence du navire pour le constituer plus économiquement. Le creux d'un navire était généralement de la moitié de largeur ; pour gagner du tonnage on voulut en construire où le creux fut des deux tiers de la largeur et même de la largeur totale. Les sinistres furent si nombreux que l'on dut y renoncer. Ils se couchaient et naviguaient sur le côté. Les compagnies finirent par refuser de les assurer.

On essaya alors d'imiter les Américains, de construire comme eux des magasins flottants. On faisait déjà des voiliers qui, jaugeant 500 tonnes, en portaient réellement 700. Une maison de Dunkerque en construisit qui, jaugeant 500 tonnes, en portaient 800. Enfin, cette façon de cons-

truire est devenue tellement générale, que l'on
évalue actuellement à 40 % environ l'excédant du
port réel des navires sur leur jauge officielle.

Il est impossible d'aller plus loin. La marine à
voiles a épuisé cette dernière ressource, sans voir
sa situation s'améliorer.

Quelques armateurs, toutefois, ne désespèrent
pas de pouvoir continuer la lutte, et d'audacieux
constructeurs supposent qu'en donnant aux voiliers
de colossales dimensions ils pourront vivre.

Tel est le dernier mot de la décadence de la
marine marchande à voiles.

Le peu de durée d'un voilier est l'une des causes
d'infériorité de cette navigation spéciale. La dernière étude, poursuivie dans le but d'obvier à ce
grave inconvénient, a consisté à changer les coques
en bois par des coques en fer. Un ouvrage publié
par M. Lissignol, très-compétent en ces matières,
a rendu le public juge des avantages que pourrait
présenter cette transformation. M. Lissignol se
refuse à croire que le règne de la navigation à
voiles est à sa fin : « Nous croyons, dit-il, le navire
à voiles plus durable que ne le font les esprits les

plus hardis. » Mais à quelle condition M. Lissignol soumet-il cette prolongation d'existence? Voici ce qu'il écrit immédiatement après les mots que nous venons de citer : « Nous croyons le navire à voiles plus durable que ne le font tous les esprits les plus hardis ; *mais c'est à la condition* de compenser par des économies réelles, en adoptant tous les progrès réalisables, soit pour accroître la vitesse, soit pour réduire la dépense, que le navire à voiles prolongera sa durée. Ces conditions de plus en plus difficiles à obtenir avec le navire en bois, la coque en fer permet aujourd'hui de les atteindre dans la limite de ce qui est actuellement possible. » M. Lissignol a-t-il une pleine confiance dans le résultat de sa proposition? « La transformation dans ce sens, continue-t-il, du matériel naval employé par les marines commerciales, a au surplus l'immense avantage de ne pas compromettre l'avenir, et de permettre, à un jour donné, qu'on leur applique les inventions encore à l'état d'expérience. » M. Lissignol prévoit l'adaptation d'un moteur aux navires à voiles.

Sa plaidoierie est donc en faveur des navires

11

mixtes. Ce défenseur de la marine à voiles n'a pas pu ne pas reconnaître la condamnation des voiliers tels qu'ils existent actuellement. Cela confirme nos dires.

Impossibilité de réaliser des économies, augmentation continuelle de la dépense et diminution du fret, telle est la situation. Pendant la discussion de la loi votée, en 1866, sur la marine marchande, M. Thiers invitait les armateurs à demander des économies à l'extension de leurs opérations. Il signalait, avec raison, l'économie qui résulte pour toutes exploitations commerciales, du plus grand nombre d'opérations poursuivies, certains frais généraux restant les mêmes et diminuant d'importance, par conséquent, par la répartition qui en est faite sur un plus grand nombre de comptes. Il suffit de lire toutes les dépositions des armateurs consignées dans l'enquête, pour être convaincu de l'impossibilité d'obtenir un pareil résultat. Pour doubler ou tripler les opérations maritimes d'un armateur, il faut faire appel aux capitaux. Quel est le capitaliste qui s'intéresserait, aujourd'hui, à d'importantes opérations maritimes par voiliers?

Sait-on jusqu'à quel degré ont été poussés les efforts des armateurs pour réaliser des économies? Ils ont été jusqu'à défranciser leurs navires pour arborer le pavillon d'une puissance étrangère. Un armateur du Havre avait patriotiquement essayé d'établir un service régulier, à voiles, entre les ports français et la Chine. Le *Taffarette* avait inauguré ce service. Après quelques années de navigation, en 1866, il sortait sur lest du port du Havre, arborant le pavillon norwégien.

Quant à la diminution du fret, la concurrence que font aux voiliers les paquebots à vapeur ne permet pas d'espérer une amélioration. Nous avons déjà contrôlé, avant 1860, la mort du cabotage, résultat des chemins de fer, et nous avons ensuite constaté la concurrence heureuse faite aux chemins de fer par les services de bateaux à vapeur. Cette situation se confirme et progresse après 1860. Le nombre des bâtiments à vapeur chargés qui ont pris part au mouvement du cabotage en 1865 a été de 7,939, jaugeant 757,312 tonneaux. Nous citons 1865 parce que c'est l'année qui, depuis 1860, donne le chiffre le plus bas.

L'un des principaux constructeurs de Nantes, M. Guibert, a fait ressortir l'infériorité de la navigation à voiles pour le service du cabotage. Nous lui empruntons sa démonstration : « Il n'est pas de démonstration plus éclatante, dit-il, que ce qui se passe à Saint-Nazaire où une importation annuelle de près de 150,000 tonnes de houille se fait avec de beaux bénéfices, aux frets de 10 et 11 fr. par des bâtiments mixtes en fer, alors que notre cabotage à voile ne pouvait joindre les deux bouts avec des frets de 14 fr. »

Si la navigation à voiles se meurt, si la construction des voiliers diminue, si le matériel des transports maritimes accuse une décroissance d'effectif continuelle, comment se fait-il que le mouvement commercial augmente dans de si grandes proportions? Cela s'explique par un fait, à savoir : que l'effectif des navires à vapeur augmente de plus en plus, que les services des steamers deviennent plus actifs, que les paquebots tendent à se substituer aux voiliers. Or, un bateau à vapeur remplace, au moins, trois navires à voiles : Avec trois fois moins de navires on satisfait au même mouvement commercial. Telle est l'explication, non-seulement d'une augmentation de mouvement commercial coïncidant avec une diminution de l'effectif naval, mais encore du progrès et du succès de la marine française comparée aux marines marchandes des autres nations.

En 1840, M. Chasseloup-Laubat rédigeait l'exposé des motifs d'un projet de loi soumis à la Chambre. Il s'exprimait ainsi : « La navigation à vapeur a fait de tels progrès depuis quelques années que les questions naguère encore douteuses se trouvent résolues. De grands espaces ont été parcourus en peu de jours par des bâtiments à vapeur ; plusieurs ont déjà fait de nombreuses traversées d'Angleterre en Amérique, et il n'est bruit que de projets d'établissements nouveaux formés chez nos voisins pour correspondre avec toutes les parties du globe.

« Au milieu de ce mouvement imprimé à des entreprises éminemment utiles, la France ne saurait demeurer inactive ; notre commerce souffrirait nécessairement des retards que les communications de nos ports avec l'Amérique éprouveraient, tandis que celles de nos concurrents deviendraient chaque

jour plus nombreuses et plus rapides. Il y a donc
pour nous nécessité absolue de marcher dans la
même voie et de ne pas nous laisser devancer plus
longtemps par les autres nations. »

Le vœu de M. Chasseloup-Laubat a été noblement
réalisé. Nous avons prouvé par des chiffres que loin de
se laisser *devancer* par les autres nations, la navigation à vapeur française a *dépassé* ses concurrents
par l'accroissement relatif des navires construits et
des opérations consommées. Nous avons vu les administrateurs de la plus grande compagnie à vapeur anglaise rendre hommage aux services français
des Messageries impériales et nous avons aussi vu se
produire, à Londres même, cette question de savoir
si le gouvernement anglais ne devrait pas confier la
poste de l'Inde au steamers français.

En voyant le développement que prenait la navigation à vapeur et la ruine de la navigation à
voiles, les armateurs se récrièrent contre l'espèce
d'interdiction qu'ils subissaient de ne pouvoir
acheter des navires à l'étranger. De 1855 à 1857
ils eurent la faculté d'acheter des navires à l'étranger, moyennant un simple droit de 10 % de la va-

leur. Quel fut le résultat de cette mesure? Laissons la parole à M. Ancel : « Ce droit de 10 °/₀ n'était pas bien exorbitant, dit-il, eh bien, pendant ces trois années où le fret était abondant et son prix avantageux, il n'a été francisé au Havre que 20 navires à voiles et 12 à vapeur. Cette facilité, ajoute l'honorable député, n'a pas pris plus de développement dans les autres ports. »

Nous avons constaté, jusqu'en 1860, une continuelle diminution dans les états de construction de navires. Le document le plus récent que nous ayons sous les yeux fournit l'état des constructions des chantiers de Nantes et de Chantenay pour 1865, 1866 et 1867. Il avait été mis en construction, sur tous les chantiers de cette circonscription, du 1er juillet au 31 décembre 1866, 23 navires jaugeant 6,894 tonneaux. Du 1er janvier au 30 juin 1867, il a été mis en construction 22 navires seulement jaugeant 3,364 tonneaux. C'est une diminution, pour le semestre correspondant de 1866, de plus de 2/3. Pendant les six premiers mois, en effet, les mises en construction avaient été de 38 navires jaugeant 10,954 tonneaux. Pendant toute l'année écoulée, du 1er juillet 1866 au 1er juillet 1867, il n'a été mis en chantier que 45 navires jaugeant 10,258 tonneaux.

Le premier semestre, qui avait été mauvais pour les constructeurs, avait cependant présenté, pour les mises en construction, un tonnage de 5,063 tonneaux. Le chiffre des 6 premiers mois de 1867 offre, sur ce chiffre déjà si réduit, une diminution de 1,699 tonneaux.

Enfin, au 1er janvier 1866 le nombre des navires attachés au port de Nantes était de 649 jaugeant 112,507 tonneaux, et celui des navires attachés au port de Saint-Nazaire de 95 jaugeant 18,893 tonneaux.

Au 1er janvier 1867, le nombre des bâtiments du port de Nantes était de 657 jaugeant 113,232 tonneaux, et celui des bâtiments du port de Saint-Nazaire de 88 jaugeant 21,730 tonneaux.

L'augmentation a donc été, pour l'année 1866, de 1 navire de 2,762 tonneaux.

Or, cet accroissement de tonnage porte presque en entier sur le port de Saint-Nazaire et provient des steamers transatlantiques.

Il serait trop long d'énumérer chaque port. Il suffira pour démontrer la situation générale de la marine à vapeur française de 1860 à 1866, de citer le fait suivant : En 1861 les primes accordées aux constructeurs français de *navires à vapeur* de la marine marchande, s'élevaient à 196,000 fr. En 1862, ce chiffre s'élève à 292,000 fr. En 1863, il est de 377,000 fr. En 1864, il atteint 1,158,000 fr. Quel contraste avec la situation des constructeurs de voiliers.

Nous avons vu avec quelle promptitude la navigation à vapeur se substituait à la navigation à voiles dans la mer Méditerranée, et de quelle importance était le mouvement des steamers dans le port de Marseille. Le mouvement officiel du port de Marseille avec l'Italie nous donne un nouvel élément d'appréciation. « Il se produit, dit le rapport que nous avons devant nous, pour l'Italie *comme pour toutes les autres puissances,* une diminution notable dans le mouvement de la navigation à voiles, au profit de la navigation à vapeur qui prend chaque jour un nouveau développement, et pénètre peu à peu sur tous les points

11.

de la côte qui offrent quelque aliment aux transactions commerciales.

« Dans le mouvement général de la navigation entre le port de Marseille et le royaume d'Italie, dont nous venons de donner les chiffres comparés pour 1861 et 1866, la navigation à vapeur entrait, dans le chiffre de la première de ces deux années, pour un effectif de 1,143 navires jaugeant 249,799 tonneaux. En 1866, le nombre des navires à vapeur s'est élevé à 1,599, et celui de la jauge à 361,468 tonneaux. »

Même résultat pour la navigation entre Marseille et la province d'Alger, en 1866.

Les 1,332 navires jaugeant ensemble 298,625 tonneaux, entrés et sortis en 1866, se décomposent comme suit :

Voiliers. . . .	932 jaugeant	213,226
Vapeurs. . . .	400 —	85,399
Total.		298,625

Le nombre des voiliers est inférieur de 107, à celui qu'on avait constaté en 1865. Par contre, on compte 34 bateaux à vapeur de plus.

Nous saisissons cette occasion de signaler l'importance artificielle que donnent aux tableaux d'effectif de la marine à voiles les barques de pêche et autres qui comptent comme autant d'unités, et ne donnent pas de tonnage. On voit, par exemple, dans les chiffres ci-dessus qu'un nombre de voiliers, *double* du nombre des steamers, ne donne en réalité qu'un tonnage trois fois moindre environ. On peut donc avancer que toute comparaison, chiffrée, d'effectif, est défavorable à la navigation à vapeur.

D'ailleurs, nous devons malheureusement reconnaître que nous n'avons pas eu besoin de tenir compte de cette situation dans nos calculs, les chiffres pris tels quels suffisant et au delà à notre démonstration.

Après avoir constaté, pour la marine française, la diminution persistante du voilier et l'augmentation incessante du steamer après 1860, comme nous l'avions constaté avant cette époque, nous avons pensé qu'il serait intéressant de questionner les documents anglais pour savoir, positivement, si les mêmes constatations devaient être faites pour la marine anglaise. Croirait-on que pas un seul document de quelque importance et d'un caractère sérieux n'est venu contredire les faits que nous avions avancés.

D'après *l'Annual statement of trade and navigation*, document officiel anglais, le Royaume-Uni possédait au 31 décembre 1865, 25,160 bâtiments à voiles jaugeant 4,845,142 tonnes et 2,708 steamers jaugeant 821,731 tonnes, soit ensemble 27,868 navires jaugeant 5,666,873 tonneaux. « C'est une augmentation sur l'année précédente, lisons-nous, de 131 navires et 123,995 tonnes, augmentation *qui ne peut porter que sur la marine à vapeur, puisque le nombre des bâtiments à voiles a diminué.* »

Au commencement de 1867 la marine britannique compte 26,140 bâtiments à voiles jaugeant 4,903,652 tonnes et 2,831 navires à vapeur jaugeant 875,685 tonnes. « Si l'on compare ces chiffres, lisons-nous dans une correspondance du *Moniteur universel*, avec ceux des documents publiés à la fin de 1865, on voit que la marine à vapeur s'est augmentée de 113 bâtiments et de 52,152 tonneaux,

et que la marine à voiles s'est augmentée de 71 navires, mais que son tonnage présente une diminution de 33,124 tonnes.

Telle est la situation générale de la marine marchande anglaise. D'autres constatations nous per-
mettrons d'étudier ce mouvement dans les détails.
Les statistiques officielles de Glascow nous fournissent le tableau des navires construits et classés sur
les registres de la douane anglaise de 1856 à 1865.
Dans ce tableau ne sont pas compris les navires
construits pour l'étranger. Il ne s'agit donc absolument que de la marine anglaise proprement dite.
Il en résulte qu'en 1856 le tonnage des voiliers
construits ou classés était de 187,005 tonneaux. Il
atteint, en 1865, le chiffre de 288,272 tonneaux.
Le tonnage des vapeurs est de 57,573 tonneaux
en 1856; il atteint, en 1865, le chiffre de 181,744
tonneaux. La production annuelle du tonnage par
voiliers a augmenté de 54 % en 10 ans, tandis que
le tonnage par vapeur a augmenté de 215 %.

Interrogeons maintenant les statistiques des
principaux ports et chantiers de construction de la
Grande-Bretagne.

Le mouvement du port de Glascow, de 1831 à 1866, d'après un tableau publié officiellement, accuse une importante augmentation dans le nombre et le tonnage des vapeurs, tandis que le nombre des voiliers demeure stationnaire, malgré le développement commercial que nous avons signalé.

En 1831, 4,005 voiliers jaugeant 186,576 tonneaux.

En 1866, 4,113 voiliers jaugeant 463,736 tonnes.

Quant à la navigation à vapeur :

En 1831, 7,537 steamers jaugeant 543,751 tonnes.

En 1866, 12,612 steamers jaugeant 1,400,464 tonnes.

Ainsi, depuis 1831 jusqu'en 1866, le nombre des voiliers n'a pas changé et le tonnage est 2 fois et demi plus considérable, ce qui indique l'augmentation de capacité des voiliers dont nous avons parlé. Le nombre des vapeurs a augmenté de 70 % et le tonnage a presque triplé.

La navigation à vapeur est 3 fois plus importante aujourd'hui que la navigation à voiles comme nombre de navires et comme tonnage. En 1831, le tonnage n'était pas le tiers de celui de la navigation à voiles. Vingt ans après, en 1851, il est déjà 2 fois plus important et le nombre des vapeurs est double de celui des voiliers.

Le tableau des navires officiellement inscrits en 1861 et 1866 à Glascow est intéressant à consulter. En 1865 s'inscrivent 815 navires jaugeant 329,752 tonneaux. En 1866, 807 navires jaugeant 332,353, soit une diminution de 8 navires et une augmentation de 2,601 tonnes. Les 807 navires de 1866 se décomposent ainsi :

271 steamers. . . . 98,920 tonneaux.
536 voiliers. . . . 233,433   —

ce qui fait ressortir une augmentation de 5 steamers et une diminution de 13 voiliers.

Enfin l'état des constructions maritimes à Glascow pour 1866 nous donne la situation suivante :

Steamers en fer. . . 161 jaugeant 91,595 tonnes.

Voiliers en fer (com-

    pris les barques).. 35   —   21,141   —

Voiliers fer et bois. . 12   —   8,749   —

Steamers en bois.. . 1   —   500   —

Voiliers en bois. . . 8   —   1,274   —

Le mouvement du port de Liverpool nous permet de dresser un tableau d'un grand intérêt.

Voici ce mouvement :

ANNÉES.	NOMBRE de Navires.	TONNAGE total.	TONNAGE TRANSPORTÉ PAR	
			Voiliers.	Vapeurs.
1850-51	21.074	3.797.493	77 %	33 %
1060-61	21.095	5.056.908	65 %	35 %
1865 66	21.720	5.070.623	49 %	51 %

Le tonnage transporté par vapeurs est plus considérable, on le voit, aujourd'hui, que celui transporté par voiliers. Pendant les 15 dernières années, le tonnage transporté par steamers pour le long cours a *décuplé* et a augmenté de 25 % pour la navigation de cabotage.

L'Autriche, malgré sa situation très-défavorable

aux constructeurs de steamers, qui doivent faire venir les fers d'Angleterre, accuse, en 1866, à Trieste, la construction de 5 navires à vapeur.

La Hollande, enfin, qui n'avait jadis de concurrents que les Anglais, les Espagnols et les Portugais, dont les colonies étaient si productives, qui a conservé si longtemps sa supériorité, n'a pas prévu le coup fatal que lui porterait le développement de la navigation à vapeur. Voici ce qu'imprimait le *Précurseur* d'Anvers le 16 septembre 1867 : « On avait pu constater que la construction des grands navires de mer, branche autrefois si importante de l'activité de nos voisins néerlandais, avait subi un mouvement marqué de recul... sous peine de voir péricliter leur ancienne industrie, les armateurs et constructeurs néerlandais devaient donc aviser aux moyens d'introduire des perfectionnements. »

La nécessité d'une transformation maritime se fait sentir partout, et le développement de la navigation à vapeur prouve qu'une excellente théorie de transformation est adoptée.

Les chantiers du Canada auront été les derniers à fournir à l'Europe des voiliers dans des condi-

tions de bon marché qui ont séduit bien des armateurs, mais on s'est vite aperçu que ce bon marché
était illusoire, la qualité des navires fournis diminuant de beaucoup l'importance·de l'économie réalisée. On reconnut d'abord que ces navires néces-
sitaient des réparations de consolidation et d'amé-
nagement grèvant le navire de frais s'élevant à
environ 100 francs le tonneau. Le dernier effort
tenté par les constructeurs canadiens fut d'offrir
des navires comme on offre une marchandise. En
1866, des navires neutres de Québec, classés 7 A au
Lloyd, dont le prix devait être, pour ne pas laisser
de perte aux constructeurs, de 8 livres sterling au
moins, ont été vendus 5 livres 10 schelings et 6 livres par tonneau.

Signaler par des chiffres, comme nous venons de
le faire, le développement de la navigation à vapeur
ne suffirait pas à un travail comme celui-ci, dont
le but n'est pas seulement de constater ce qui
existe, et pourquoi cela est ainsi, mais aussi et surtout de signaler ce qui reste à faire.

Partout de nouvelles lignes de steamers s'éta-
blissent. L'Espagne elle-même vient d'inaugurer

un service entre Barcelone et les échelles du Levant. La prochaine ouverture du canal de Suez n'est
pas étrangère à cette détermination : en effet, Port-
Saïd est compris dans l'itinéraire régulier de ces
paquebots. L'Inde sera si près de l'Europe que
l'Angleterre se préoccupe des nouveaux moyens de
transport à créer. La première préoccupation du
gouvernement anglais a été, naturellement, d'assurer les relations des ports militaires de l'Inde avec
la métropole. Nous trouvons dans le journal anglais,
le Globe, des détails très-significatifs à ce sujet :
« L'événement le plus intéressant de l'année dernière, écrit le rédacteur, a été le lancement *d'une
flotte de transports à vapeur* construits par le gouvernement et destinés spécialement aux transports
des troupes allant dans l'Inde et en revenant... Le
canal de Suez a fait de tels progrès et la perspective
du succès définitif est considérée comme tellement assurée que des discussions dignes d'intérêt ont eu lieu sur la question des grands
changements que le canal est appelé à produire
dans le mouvement maritime entre l'Europe,
l'Inde, la Chine et l'Australie. L'ouverture du ca-

nal devra avoir *immédiatement* pour conséquence de détourner de la longue route de mer une masse de produits tant bruts que manufacturés et de les diriger par la route de terre *à travers la France.* »

Le *Daily News* avait d'ailleurs déjà proposé l'établissement de ce service : Nous lisons dans ce journal anglais : « Je propose de consacrer une flotte de paquebots à vapeur à un service spécial de transports qui serait formé de chaque côté de l'Isthme (de Suez) et qui plus tard communiquerait directement avec Bombay dans le cas, *sur lequel il semble maintenant permis de compter, de l'heureux achèvement du canal de Suez.*

Le gouvernement anglais a compris qu'une flotte construite pour le transport des hommes et des approvisionnements dans l'Inde ne pouvait être qu'à vapeur.

Le commerce lui-même commence à comprendre que la navigation à vapeur peut seule répondre aux exigences d'un mouvement commercial tel que celui que nous avons constaté.

Les avantages de rapidité ne sont pas à être invoqués : ils sont trop évidents. Il en est ainsi des

avantages de sécurité. Ce que nous devons démontrer c'est l'avantage actuel et d'avenir que présente
aux armateurs la navigation à vapeur.

Cette supériorité des steamers découle de l'infériorité même des voiliers. Pour ceux-ci comme
pour ceux-là, l'élément des recettes est unique; le
fret. Or, le fret est basé sur la valeur de la marchandise.

Un fret peut être plus ou moins élevé suivant
que la valeur de la marchandise à transporter peut
supporter un taux de transport plus ou moins
grand. Mille kilogrammes de soie valant de 50
à 80 et 100 mille francs paient un fret de 100 fr.,
par exemple, sans que cette dépense puisse avoir la
moindre influence sur l'opération commerciale;
mais appliquez ce taux de 100 francs à mille kilogrammes de charbon valant, pris à la mine, 15 fr.!

Mais ce qui a une grande importance, au contraire, c'est le taux de l'assurance et l'intérêt de
l'argent engagé. L'assurance de mille kilogrammes
de soie se chiffre et s'augmente pour ainsi dire par
chaque jour de voyage. Si, par conséquent, vos
80,000 francs de soie, prix moyen, vont du point

de départ au point d'arrivée en un mois, il faut compter l'assurance relativement au temps que dure le risque couru et l'intérêt de l'argent engagé relativement au temps que met la marchandise à arriver. Supposez ces 80,000 fr. de soie restant trois mois en mer, sur un voilier, et il n'est pas besoin de citer des chiffres pour rendre évident l'avantage pécuniaire de la rapidité. Le fret est donc bien peu de chose comparé à ces deux éléments de dépense qu'a à supporter la marchandise.

Sur un tonneau de charbon au contraire, qui vaut 15 francs au départ, le taux d'assurance et l'intérêt de la somme engagée sont relativement insignifiants. La vraie dépense c'est le fret qui double ou triple la valeur réelle de la marchandise. Toute la spéculation consiste à débattre le fret, c'est-à-dire à obtenir du capitaine ou de l'armateur le fret le plus bas.

Voici donc un fait acquis, qu'il suffit d'ailleurs d'énoncer, à savoir : que le transport des marchandises riches est lucratif tandis que le transport des marchandises pauvres est onéreux.

Or, par les raisons de rapidité de transport que nous venons de signaler, on s'explique pourquoi les marchandises riches sont exclusivement réservées aux vapeurs et les seules autres offertes aux armateurs pour les voiliers.

On a cru longtemps que les steamers ne pourraient jamais charger des marchandises pauvres et lutter, par conséquent, contre les voiliers. Quelle marchandise est plus pauvre que le charbon? Nous avons constaté la ruine de la navigation à voiles dans le cabotage et le développement des vapeurs dans cette navigation. Est-ce parce que le commerce de cabotage ne se compose que de marchandises riches. Voici comment s'exprimait M. le rapporteur de la loi sur la marine marchande, dans la séance du corps législatif du 12 avril 1866 :

« Il faut avoir ce mouvement incroyable devant les yeux (le mouvement du cabotage) pour bien juger les gros chiffres inscrits dans les états des douanes. Ainsi, par exemple, Bordeaux ne consomme à peu près que des houilles anglaises; *ce transport des houilles se fait par bateaux à vapeur,* et les voyages se font si vite que les quantités transportées deviennent énormes. Un seul bâtiment de 600 tonneaux vous arrive, décharge sa cargaison avec une merveilleuse rapidité et fait deux voyages, quelquefois deux et demi voyages par mois : un médiocre bâtiment porte ainsi annuellement plus de 15,000 tonnes. »

Le steamer peut donc transporter des marchandises pauvres aux mêmes conditions que les voiliers?

Mais sans admettre en principe ce fait, qui cependant ne tardera pas à se réaliser dans toutes les circonstances, considérons comme véritablement onéreux pour les steamers le transport des marchandises pauvres; est-ce qu'il en résulterait une situation telle que la navigation à vapeur se trouverait, comme la navigation à voiles, dans une impasse? La pratique de la navigation par steamers a suffisamment prouvé le contraire, et laissant de côté les paquebots qui transportent la houille à de meilleures conditions que les voiliers, nous voyons tous les grands services de compagnies maritimes à vapeur atteindre aux meilleurs résultats par la combinaison des frets. Tel paquebot en partance commence par recevoir les marchandises riches à un fret élevé, éléments de recettes que la concurrence des voiliers ne peut pas lui prendre, et il complète son chargement avec des marchandises pauvres qu'il reçoit à un fret inférieur, faisant ainsi une concurrence fatale aux voiliers. « Lorsque vous pouvez réunir, disait avec raison M. le vice-président du Conseil d'État au Corps Législatif, les deux frets, le fret des marchandises délicates et le fret des marchandises encombrantes, vous arrivez à faire des cargaisons complètes dont le transport présente des avantages particuliers, et c'est là précisément, ajoutait-il, le caractère des transports français... C'est la cargaison qu'on nous envie souvent à l'étranger. » Ces avantages particuliers de la combinaison des frets, ce sont les avantages exclusifs de la navigation à vapeur qui a nécessairement le monopole des marchandises riches.

Ce mot *monopole* est si voisin du mot *abus*, qu'il éveille dans l'esprit de ceux qui examinent un raisonnement dans lequel il doit être prononcé, comme un sentiment de défiance. Si la navigation à vapeur a fai tant de progrès, ne serait-ce pas que certaine

de monopoliser le transport des marchandises
riches elle a abusé et abuse de cette situation pour
compenser des sacrifices inévitables? Telle est la
question à laquelle il faut répondre pour que rien
ne reste douteux dans la constatation des succès de
la navigation à vapeur. Quand les voiliers baissent
leurs frets, c'est que la lutte qu'ils soutiennent
contre les steamers leur est défavorable et qu'ils
s'efforcent de maintenir leur rang. Au contraire, si
les paquebots diminuent le taux de leur fret, eux
qui ne redoutent aucune concurrence, ce sera une
preuve que l'extension de leurs opérations est telle
qu'elle leur permet d'accorder des améliorations aux
négociants et expéditeurs.

Puisque nous avons eu plusieurs fois l'occasion
de signaler le succès croissant des Messageries impériales, voyons quels sont les éléments de ce succès
et quels résultats ils ont produit. Dans un résumé
très-succint des progrès accomplis par cette grande
compagnie de navigation, M. Salvador a cité des
chiffres d'une véritable éloquence. Nous ne pourrions mieux faire que de reproduire cette démonstration : « En 1852, la compagnie des Messageries

impériales ne possédait que 16 navires. Le fret de la tonne était, en moyenne, de 217 fr. 47 c. En 1866, la compagnie possède 63 navires ; en 12 ans, comme tonnage, sa flotte a décuplé ; le parcours a quintuplé ; la vitesse a grandi de 20 % ; le fret s'est abaissé de 78 % ; les transports de marchandises se sont élevés dans la proportion de 1 à 18. »

Ce progrès se constate dans toutes les compagnies de navigation à vapeur. En 1867, la ligne de Chine est doublée, une seconde ligne postale de transatlantiques français desservant le Brésil et la Plata s'organise, et l'ouverture d'un service entre le Havre et la Nouvelle-Orléans, avec escale à la Havane, est annoncée. Voici comment M. Emile Péreire a exprimé en 1866 les progrès des transatlantiques français : « Nos lignes, d'après le cahier des charges, devaient desservir les ports de la Martinique, de Sainte-Marthe, de Panama, de la Guadeloupe, de Santiago de Cuba, de la Vera-Cruz, de Tampico et de Cayenne. Eh bien, non-seulement nous desservons tous les ports que je viens d'avoir l'honneur d'énumérer, mais nous y avons ajouté La Trinidad, Saint-Vincent, Sainte-Lucie, Haïti, la

Grenade, Demevary, Saint-Thomas, la Havane,
Porto-Rico, la Jamaïque, la Nouvelle-Orléans et
Matamoros... Nous étions tenus de fournir 16 bateaux ayant une force de 9,685 chevaux. Nous
avons fourni 21 bateaux ayant une force de
17,000 chevaux; presque le double. »

Quant à la compagnie anglaise, péninsulaire et
orientale, à laquelle est confié le transport des
lettres, quelques chiffres donneront la mesure de
son développement, de son importance actuelle.
Le seul transport des dépêches (et rien ne peut
donner une meilleure idée du développement
commercial favorisé par une navigation rapide
que la quantité des lettres transportées). Le
seul transport des dépêches anglaises pour l'Inde
et l'Australie, de Southampton à Bombay... le *pa-
quet* des dépêches, se compose d'environ 140 colis
occupant un espace de 12 tonneaux. Quand le
même paquebot dessert en même temps l'Inde et
l'Australie, cet élément de transport prend des proportions incroyables. Le *Ripon*, qui quittait Southampton le 20 janvier 1866, emportait 1271 colis
mesurant 112 tonneaux. Or le steamer correspon-

dant avec le même service postal, parti de Marseille, porte 585 colis. Cette unique transmission de dépêches donne donc un total de 1,856 colis. C'est un véritable chargement. La Compagnie péninsulaire et orientale a un stock permanent de 90,000 tonneaux de charbon. L'achat des charbons lui a déjà coûté plus de cent trente millions et elle emploie chaque année, pour le transport de ce combustible à ses diverses stations, environ 170 bâtiments à voiles. Elle doit pourvoir à la nourriture de près de 10,000 personnes. La consommation des vivres principaux pendant une année donne les chiffres de 177,310 têtes de bétail, de 1,301,668 bouteilles de liquides et 14,602,514 livres anglaises de provisions diverses. La glace qu'on consomme annuellement atteint le poids de 1,360 tonneaux et coûte 175,000 fr. soit à produire soit à acheter. Enfin le personnel se compose de 12,600 individus.

Enfin, en février 1867, la Compagnie anglaise de navigation à vapeur péninsulaire et orientale, fondée en 1840, au capital évalué à la somme de 82,500,000 francs, possède une flotte de 51 bâtiments à vapeur jaugeant 84,527 tonneaux et des établissements à Bombay, Hong-Kong, Shang-Haï, Singapore, Calcutta, Pointe-de-Galles, Aden, Suez, Alexandrie, Malte, Yokohama, Sydney, etc., d'une valeur approximative de 97,000,000 de francs. Les actionnaires sont au nombre de 2,122 et l'intérêt sur le capital a été en moyenne de 9 1/2 %.

Telle est la puissante organisation de cette Compagnie anglaise qui, de l'aveu même des Anglais, aveu rendu public et évident, ne peut pas lutter contre l'intelligente concurrence du service français des Messageries impériales. Voici ce qu'on écrivait de Hong-Kong, le 30 août 1867, à un journal spécial, *le Paquebot* : « Le plus bel éloge qu'on puisse faire d'une compagnie, en général, c'est de citer les critiques faites aux compagnies rivales. C'est ce qui se passe ici au sujet des Messageries impériales. Les Anglais blâment leur Compagnie péninsulaire et orientale et l'engagent à sortir de ses errements pour entrer dans une voie meilleure. Ce n'est pas sans déplaisir, ils l'avouent, qu'*ils voyent les frets* de la soie et des thés donnés de préférence aux Messageries impériales. »

Ces exemples sont pleins d'encouragement. Ils

démontrent victorieusement, d'abord les causes du développement de la navigation à vapeur en général et ensuite la supériorité de la navigation à vapeur française en particulier.

L'exportation des houilles de la Grande-Bretagne donne un élément d'appréciation de plus à la constatation du développement de la navigation à vapeur. Malgré l'exploitation des nombreuses mines nouvellement ouvertes hors du territoire britannique et notamment dans le midi de la France, ainsi que nous l'avons vu, l'exportation des houilles anglaises en 1866 présentait une augmentation de 783,291 tonnes sur 1865. Or, il est remarquable, dans le tableau de la part relative de chaque pays dans ces envois, de constater que la France seule, malgré sa production nationale développée, a demandé à l'Angleterre, en 1866, 335,398 tonnes de houille de plus qu'en 1865. Cette preuve du développement de la consommation du charbon en France démontre le développement de l'industrie française.

Cette question des houilles est capitale pour la navigation à vapeur. La consommation du charbon est le principal élément des dépenses d'un steamer. Nous avons eu l'occasion de signaler les progrès qu'il reste encore à réaliser de ce chef. Demander au charbon toute sa puissance calorique, qui est encore loin d'être utilisée en entier, tel est le problème dont nous avons emprunté les éléments à M. le sénateur Dumas. Mais la solution de ce problème, tout importante qu'elle est, n'est pas le seul sujet d'améliorations à envisager. De nouvelles mines à exploiter se découvrent chaque jour sur tous les points du globe, de Smyrne jusqu'en Chine ; c'est-à-dire que sur toute la ligne de navigation qui va bientôt réunir l'Europe et l'extrême Orient par le percement de l'Isthme de Suez, des gisements d'une extrême importance ne tarderont pas à être exploités. Les mines de Carabonnar, qui sont situées à environ 7 milles d'Aïdin, sur le chemin de fer de Smyrne et d'Aïdin, sont déjà en exploitation.

Des problèmes plus importants encore sont à l'étude. Demander tout son calorique au charbon c'est beaucoup ; perfectionner les machines c'est encore plus. Nous citerons les deux perfectionnements les plus récents. Le premier s'applique aux roues à palettes, le second aux roues cylindriques.

C'est à Lyon, qui fut le théâtre des premiers essais de la navigation à vapeur, par Jouffroy, en 1783, que le nouveau système de propulseur à roue unique et centrale, d'après le système Salmon, a été expérimenté. Une chaloupe à vapeur, munie de ce nouvel appareil, a tenté de franchir, sur le Rhône, les passages les plus difficiles. Voici en quels termes le *Courrier de Lyon* rend compte de cette expérience.

« Le descente, à partir de l'île Barbe jusqu'au quai Saint-Antoine, distance d'à peu près 5,500 mètres, s'est effectuée en 25 minutes. La marche normale des grands bateaux encore sur le chantier mesurant 15 m. de longueur sur 3 m. 20 de largeur et armés de machines de 10 chevaux, est estimée à environ 15 kilomètres à l'heure.

« Quant à la consommation du combustible, l'inventeur calcule que son économie sera de plus de 10 %, en proportion de la force produite et utilisée dont aucune partie ne sera perdue, comme cela arrive nécessairement avec les autres systèmes de roues à aubes ou d'hélice. »

Le perfectionnement apporté à la roue à palettes est ainsi apprécié par le rédacteur du journal *le Paquebot,* dans le numéro du 5 octobre 1867 : « L'application de la vapeur est certainement l'une des plus importantes conquêtes industrielles du siècle. Le système des roues à palettes, par sa simplicité et ses résultats, pourrait être le dernier degré de la perfection ; cependant, en y regardant de près, on ne pouvait manquer de constater une perte notable dans la force motrice utilisée. En effet la palette entre dans l'eau avec une inclinaison à la surface liquide qui va en se rapprochant de plus en plus de la direction verticale, pour s'en éloigner ensuite en passant par les mêmes degrés d'inclinaison. Or, ce n'est que dans la position verticale que la palette utilise toute la force qu'elle dépense pour faire avancer le bateau ou le navire. Dans toutes les autres positions, une partie de la force est perdue et cette perte est d'autant plus grande que la palette est plus éloignée de la position perpendiculaire. Ce fait est tout à fait élémentaire, car il repose sur les premiers principes de la mécanique. S'il était possible de faire entrer la palette verticalement dans

l'eau, en lui conservant cette position pendant tout
le temps qu'elle y reste plongée, la déperdition de
force que nous venons de signaler serait complètement nulle. Ce résultat vient d'être obtenu par
M. Raphin d'une manière complète. La vitesse qui a
été obtenue dans une expérience faite avec un premier modèle a donné 24 kilomètres à l'heure en
remontant un fleuve rapide. L'économie du combustible serait d'environ 25 °/$_0$. »

Nous pourrions citer de nombreux exemples
d'améliorations poursuivies. Nous avons choisi les
deux plus récents. Ils attestent la connaissance
répandue du problème proposé et la persévérance
avec laquelle les solutions en sont cherchées.

De plus audacieux s'inquiètent en même temps
d'améliorer la machine à vapeur telle qu'elle
existe, mais ils se révoltent, dirons-nous volontiers, devant l'idée de rester les esclaves du « roi
« charbon » et cherchent des générateurs nouveaux. Ce problème a été ainsi posé par un américain, le Dr Cherfils, de New-York.

1° Trouver du combustible à bon marché donnant plus de calorique que la houille.

2° Trouver un combustible occupant moins d'espace que le charbon, de manière à employer pour du fret cette différence d'espace employé.

3° Donner à la surface extérieure des chaudières un pouvoir absorbant plus grand.

4° Donner à la surface intérieure des chaudières un pouvoir conducteur plus grand.

Le docteur Cherfils écrivait de New-York, le 24 février 1866, qu'il avait trouvé la solution la plus avantageuse, permettant de réaliser une économie de *cent pour cent*. Suivant l'inventeur, il aurait réalisé la première question, « en faveur de deux combustibles différents qui ne peuvent être employés de la même manière : l'huile de pétrole ou un mélange d'alcool et d'essence de térében-thine, amenés à l'état de vapeur. »

Le docteur Cherfils calcule ensuite le bénéfice qui résulterait de l'espace laissé libre pour le fret par le peu d'encombrement que donnerait l'appro-visionnement du pétrole et de l'essence comparé à l'approvisionnement de houille.

Enfin les chercheurs ne désespèrent pas, on le sait, de substituer un générateur électrique à tout autre générateur. En janvier 1867, M. Bertsch proposait un appareil (électrophore continu) sur lequel l'attention des hommes spéciaux a été appelée.

Quoiqu'il en soit, le champ de l'avenir est vaste : Il ne s'agit plus, on le voit, d'une industrie arrivée au dernier degré de sa puissance, comme la navigation par voiliers, mais bien d'une industrie pour ainsi dire nouvelle et déjà prépondérante. En attendant que les machines actuellement employées reçoivent d'importants perfectionnements et surtout que des générateurs nouveaux aient vaincu le despotisme du charbon, l'attention des armateurs doit être appelée sur la meilleure utilisation possible des conditions économiques de la marine à vapeur, telle qu'elle existe actuellement.

Ce rôle, la France est admirablement organisée pour le remplir : il faut qu'elle continue à appliquer ce que nous appellerons son *génie perfectionnant* au développement de son industrie maritime en demandant aux transports par la vapeur tout ce qu'ils peuvent donner. M. Thiers a dit de la France : « C'est une nation dont la tendance est la qualité et la perfection. Sa tendance, son *génie*, c'est la perfection, la haute qualité des produits; c'est avec cela qu'elle a pu lutter, non pas toujours victorieusement, mais toujours assez avantageusement avec toutes les nations rivales. »

C'est avec cette tendance, c'est avec ce « génie de la perfection », ajouterons-nous, que la France a vu la compagnie des Messageries impériales lutter *victorieusement* contre la Compagnie anglaise péninsulaire et orientale ; c'est grâce à ce génie que le grand établissement du Creuzot a fait une victorieuse concurrence aux constructeurs de locomotives anglais, et qu'il a vendu, vend et vendra de ces appareils aux anglais eux-mêmes.

Il ressortirait, pour un esprit superficiel, des faits que nous venons d'énoncer, que pour répondre au mouvement maritime que va produire l'ouverture du canal de Suez et se l'approprier, pour ainsi dire, il suffirait que les armateurs français construisissent des paquebots semblables aux paquebots des Messageries impériales et demandassent aux administrateurs de cette société les errements de leurs installations, de leurs services. Ce serait

une erreur fatale. Ne doivent être comparées entre
elles que des situations identiques. Les Messageries
impériales, faisant un service postal et subven-
tionné par le gouvernement français, ont pu et
doivent être comparées à la Péninsulaire et Orientale qui fait également un service postal et reçoit
une subvention du gouvernement anglais. La comparaison serait impossible et ne conduirait qu'à
une erreur d'appréciation si nous l'établissions entre
ces compagnies assujetties à un rude service obli-
gatoire et telles autres compagnies entièrement
libres dans leurs agissements. Ce serait absolument
comme si l'on voulait comparer un train express
de chemin de fer non pas seulement avec un train
omnibus, mais encore avec un train de marchandises. Un paquebot qui fait un service postal a un
itinéraire fixe; ses heures d'arrivée, de séjour et de
départ sont comptées ; que l'état de la mer lui permette, oui ou non, d'opérer le débarquement des
marchandises qu'il a dans ses cales ou d'embarquer
celles qui ont été préparées pour lui, il faut qu'il
parte à l'heure réglementaire, malgré les indem-
nités pour dommage que lui demanderont les né-

gociants ne recevant pas leurs marchandises et ceux dont les marchandises auront été laissées sur le quai d'embarquement. Ensuite, on le sait, un service postal n'existe qu'à la condition de transporter les lettres avec la plus grande rapidité possible : Cette condition de vitesse nécessite des engins d'une force triple et quadruple de ceux que pourrait employer le même navire accomplissant un service ordinaire de transport. De pareils engins sont d'effroyables consommateurs de charbon. Cette différence est rendue sensible pour tout le monde par les tarifs de chemin de fer, suivant que l'expédition d'un colis est faite par grande ou par petite vitesse.

Toute entreprise commerciale de transport maritime à vapeur n'a donc rien de commun, au point de vue économique, avec les compagnies assujetties aux exigences des services postaux.

D'ailleurs, nous nous empressons d'ajouter que nous n'avons écrit les lignes qui précèdent que pour rendre notre étude aussi complète que possible et que rien ne justifierait la moindre appréhension à ce sujet. Aucune compagnie de transports maritimes commerciaux n'a cherché à calquer son organisation sur les services postaux des Messageries impériales et de la Péninsulaire, à moins que, comme les transatlantiques français, il se soit agi également de satisfaire à un service postal, ou bien que telle ligne maritime à installer fut suffisamment approvisionnée de marchandises riches et de voyageurs pour permettre un service de grande vitesse.

Les compagnies commerciales de transports maritimes à vapeur, comme celles qui font le service de cabotage, comme celles dont les paquebots sillonnent la Méditerranée, comme, pour citer ces dernières, la Compagnie Marc Fraissinet et fils, la Compagnie générale des transports maritimes à vapeur, et enfin toutes celles qui font un service commercial entre Marseille et l'Italie, l'Algérie et les Échelles du Levant, toutes ont construit leurs navires de telle sorte et les ont munis de machines d'une telle force, que leurs paquebots transportent le plus de marchandises possible, avec une vitesse suffisante pour répondre aux avantages de la navigation à vapeur.

Transporter des marchandises et des voyageurs au plus bas prix possible, tel est le problème.

Dans un travail intitulé : *De la puissance maritime*, M. J. Thomassy, capitaine de frégate en retraite, a consacré un chapitre spécial au service des voyageurs. L'auteur s'exprime ainsi :

« Depuis Fulton, au milieu du progrès général du commerce, il s'est produit un élément nouveau qui grandit à vue d'œil et semble devoir se développer sans limites. Les transports de passagers, opérations où l'on n'entrevoyait que des bénéfices accidentels, constituent une industrie capable à elle seule d'enrichir le peuple qui s'en ferait une spécialité. Améliorer les conditions de la vie à bord, étudier les répugnances qu'elle inspire pour les prévenir et les apaiser, combiner les installations intérieures qui assurent le mieux la séparation des familles, le repos de chacun, la bonne nourriture. et l'hygiène : c'est un art assez difficile, et on n'y fait pas de progrès si on ne féconde pas l'expérience et les connaissances techniques par l'étude de la nature humaine.

« Les exigences dépendent des mœurs nationales

et changent avec chaque classe de passagers ; autre
est le diplomate et le négociant anglais, le touriste
français, l'artiste italien, le riche créole ; autres
aussi les colons allemands et espagnols, les déshé-
rités ou les ambitieux qui s'éloignent du pays natal
pour aller au delà des mers gagner le pain de leur
famille, peut-être aussi conquérir la fortune. Au
premier, le paquebot aux splendides salons, aux
vastes et élégantes cabines ; aux seconds, un type
de navire encore inconnu répondant à des besoins
moins nombreux, mais aussi impérieux.

« Le commerce de luxe déjà organisé enrichit
tous les jours de puissantes compagnies ; mais le
commerce d'économie est appelé à un autre avenir.
Démocratiser le voyage en mer est aujourd'hui le
grand problème ; la nation qui saura y réussir aura
compris le rôle de la vapeur, ce malaxeur qui doit
d'un bout du monde à l'autre préparer l'unité. Après
Colomb, l'homme a employé trois siècles à arpenter
son globe, à prendre, en quelque sorte, connaissance des lieux. Depuis cinquante ans il s'occupe
surtout de répartir les habitants dans les diverses
régions ; mais à peine a-t-il mis la main à cette

œuvre immense. La vapeur doit continuer en mer
l'action du chemin de fer sur le continent ; si le
paquebot de luxe répond au train express, il faut
qu'un autre steamer réponde au train omnibus.

« Quand le canal aura mis en communication directe, par le chemin le plus court, les populations
les plus compactes du globe, cette industrie mar-
chera à pas de géants. Si l'Europe a montré jusqu'à
ce jour peu d'aptitude pour la colonisation afri-
caine, la race jaune lui viendra en aide et les coolies
chinois afflueront en Algérie, non moins qu'au Cap
et sur le littoral abyssinien. Les variations de rapport entre la population et les moyens de subsistance,
entre les capitaux et le travail disponible seront
mieux suivies ; et partout les déplacements se feront
en masse. Le transport de la classe des travailleurs
a cela de particulier qu'il ne gêne en rien les opérations de marchandises, surtout lorsqu'il est fait
dans de bonnes conditions hygiéniques ; aussi dé-
cidera-t-il le triomphe absolu de la navigation à
vapeur en compensant le surcroît de dépenses résultant de l'emploi des machines. Grâce à ces opérations qui représenteront une grande part du

mouvement, la marine commerciale sera dotée du navire où la rapidité s'alliera le mieux à l'économie.

« L'invention de la vapeur et le percement de Suez sont deux faits corrélatifs. On ne peut les bien juger si on les sépare. Sans Papin et Watt, le percement n'était pas possible ; sans Fulton son utilité n'aurait pas triomphé des obstacles que l'homme, plus encore que les choses, oppose à tout novateur. Deux conditions assurent à la navigation à vapeur toute sa supériorité : le bassin intérieur et la ligne directe. Nous prions qu'on examine la carte ; on verra que de près ou de loin rien n'est comparable à la Manche qui, après l'union du golfe arabique à la Méditerranée, va s'étendre sur un parcours de mille lieues, de Gibraltar à Bab-el-Mandeb, aorte prodigieuse, unissant les trois parties du monde et portant la vie à un million d'hommes. Voir la vapeur sillonner cet espace aux deux extrémités, y multiplier les steamers en raison des populations nouvellement unies et en raison inverse du carré des nouvelles distances, ce n'est pas abuser de l'imagination, c'est profiter de l'expérience afin de prévoir avec certitude ; c'est simplement ouvrir les yeux et se rendre à d'évidentes analogies. L'échange matériel suivra le progrès des relations humaines ; après le thé, la soie, les riches tissus de l'Inde, viendront tous les produits spéciaux créés par l'industrie dans les vallées asiatiques. Il faut donc s'attendre à une crise qui grandira le champ de l'économie commerciale ; et la voie nouvelle apparaît justement comme le moyen de mieux utiliser le navire à vapeur, comme le couronnement de la révolution maritime du siècle. Cette œuvre, dont le succès désormais assuré n'a plus d'adversaires que quelques spéculateurs sans patriotisme, est à l'avantage du monde entier ; voyons à qui sont réservées les meilleures places.

Nous devons à une personne autorisée des renseignements pleins d'intérêt sur une compagnie française de navigation qui paraît s'être, jusqu'ici, la plus rapprochée du problème à résoudre : transport des marchandises et des voyageurs dans les conditions les plus économiques. Nous voulons parler de la Société générale de transports maritimes à vapeur, qui a son siége administratif à

Paris, et son siége d'exploitation à Marseille.

La Société générale de transports maritimes à vapeur est de création récente ; elle n'a été constituée qu'en 1865, avec un capital de 20 millions de francs.

Le but de cette société a été « d'organiser des transports très-économiques, quoique parfaitement réguliers et suffisamment rapides. »

Elle établit d'abord une ligne entre la France et l'Algérie, où des quantités considérables de minerai de fer, dont l'exploitation était restée jusqu'alors incomplète à cause de l'insuffisance des moyens d'exportation par les voiliers, lui assuraient dès l'origine un fret de retour.

Cette première opération a pleinement réussi. Les paquebots de la Société générale ont transporté, en 1866, 80,000 tonnes de minerai de fer de Bône à Marseille; en 1867, ce transport s'est élevé à 140,000 tonnes. Un total de 200,000 tonnes paraît devoir être atteint en 1868.

Le transport de ce minerai s'effectue suivant un contrat à longue période, à un prix qui donne 0 fr. 03 c. 1/3 par kilomètre et par tonne, à raison d'une vitesse moyenne de 15 kilomètres à l'heure. Or, ce fret réduit laisse une rémunération suffisante aux capitaux engagés dans l'opération.

Pour obtenir ces résultats, des paquebots ont été spécialement construits, sur lesquels on a réuni tous les perfectionnements réalisés jusqu'à ce jour, dans les coques et les machines marines. Ce sont de très-grands navires, d'une solidité exceptionnelle, et qui ont pu, depuis deux ans, transporter à chaque voyage un poids de 1,200,000 kilogrammes de minerai de fer, cargaison qui, comme on le sait, présente de véritables difficultés de navigation.

Ces paquebots sont munis de machines d'un volume excessivement réduit, consommant très-peu de charbon et placées tout à fait à l'arrière du bâtiment, de manière à laisser les entreponts libres de bout à bout, offrant toutes les facilités de chargement pour les transports de toutes sortes : bœufs, chevaux, etc... Les fonds sont à compartiments étanches, ce qui permet de lester le navire avec de l'eau de mer, en très-peu de temps ; la voilure se compose en presque totalité de voiles basses réparties entre quatre mâts et n'exigeant, pour la manœuvre, qu'un équipage très restreint ; les moyens d'embarquement et de débarquement rapides permettent de charger ou de décharger 1,000 tonnes en 24 heures.

La Société générale a fait construire, en 1865, par la Société des Forges et Chantiers de la Méditerranée, neuf grands navires de ce type [1]. Ces navires, ordinairement employés sur la ligne de Marseille à l'Algérie, ont été également utilisés pour le transport des cotons et des graines oléagineuses d'Alexandrie et Port-Saïd à Marseille, et le transport de mules, à destination d'Abyssinie, que le gouvernement anglais avait achetées en Espagne.

En outre, le matériel de la Société comprend quatre navires d'un type plus faible, et destinés à desservir des lignes annexées.

Voici le détail de ce matériel.

[1] Il appartenait à une société de constructeurs français de créer ce *type* de transports maritimes commerciaux à vapeur destinés à rendre d'incalculables services aux négociants et à favoriser le développement du commerce universel.

Nom des navires.	Force nominale en chevaux de 300 kilog⁼ˢ.	Portée effective.	Nombre de couchettes pour passagers.
Alsace.			
Artois.			
Auvergne . . .		1,000 Tˣ	
Dauphiné.. . .		en poids	
Bretagne. . . .	120	et 200 bœufs	16
Franche-Comté.		ou 1,000	
Normandie. . .		moutons.	
Lorraine. . . .			
Touraine. . . .			
Touareg.	180	600	30
Anjou.	100	600	20
Numidie.	80	400	20
Ville-de-Nice. . .	80	200	14

L'ouverture du canal de Suez favorisera le développement de cette Compagnie. L'esprit d'initiative qui distingue ses administrateurs leur a déjà fait entrevoir le succès que leur assure le type de navires réellement commerciaux qu'ils ont créé et ils s'y préparent.

Une autre ligne commerciale a été organisée par cette Société, et nous en dirons aussi quelques mots parce qu'elle applique le système des transports à bon marché aux marchandises et aux voyageurs. Ce service démontre, d'ailleurs, de la façon la plus complète, les résultats qui seront obtenus avec les navires que l'on construit aujourd'hui, lorsque la route directe sera ouverte entre l'Europe et l'Asie.

Cette Société de navigation a donc établi, au mois de septembre 1867, un service mensuel, régulier et rapide, entre Gênes et Marseille et les ports du Brésil et de la Plata. Ce service est fait par de très-grands paquebots qui réalisent une vitesse moyenne de 9 nœuds et vont de Marseille à Rio-de-Janeiro en 25 jours, après avoir touché à Gibraltar, Saint-Vincent, Pernambuco et Bahia, stationnant 5 jours à Rio et atteignant 6 jours après Montevideo et Buenos-Ayres.

Ces paquebots (Picardie,—Bourgogne,—Poitou, — Savoie) sont munis de machines d'une force nominale de 300 à 350 chevaux et peuvent recevoir, avec 5 à 700 passagers de toutes classes, de 700 à 1,000 tonneaux de marchandises.

Les passagers de 3ᵉ classe qui se rendent en très-grand nombre, surtout de l'Italie, dans l'Amérique du Sud et qui, jusqu'ici, ne pouvaient faire ce long voyage que sur voiliers, s'embarquent sur les paquebots de la Société générale.

Le prix de passage ne dépasse pas 320 francs pour ce trajet, qui n'est pas moindre de 6,328 milles marins !

Le passager de 3ᵉ classe dispose, pour ce prix, d'une couchette pour lui seul, et reçoit la même nourriture que celle des matelots à bord des navires de la marine impériale ; nourriture se composant toujours de vivres frais, la plus longue traversée, d'un port à un autre, n'excédant pas 8 jours.

Peut-on prévoir ce que deviendra le mouvement des voyageurs entre l'extrême Orient et l'Europe, lorsque l'ouverture du canal de Suez permettra de pareils moyens de communication entre l'Occident et l'Orient ?

Le problème des transports maritimes commerciaux à vapeur est donc bien défini : Nous nous répétons pour nous résumer :

1° Porter le plus de marchandises possible pour que la combinaison des frets, élevés pour les marchandises riches, abaissés pour les marchandises pauvres, puisse être largement faite et le total du fret encaissé porté à son maximum, les dépenses étant loin d'augmenter en proportion de l'augmentation de capacité du navire.

2° Marcher à une vitesse suffisante pour que la supériorité de la navigation à vapeur se maintienne suffisamment au-dessus de la navigation à voiles.

3° Avoir des machines d'une force juste équivalente à la vitesse à obtenir, les frais de consommation augmentant *de beaucoup* à mesure que la vitesse de la marche augmente.

Ce problème, d'ailleurs, est bien connu et les chemins de fer le pratiquent depuis longtemps. Leur service comprend 1° les trains express (grande vitesse), 2° les trains omnibus et transport de certaines marchandises (vitesse moyenne), et 3° les trains commerciaux, trains de marchandises (petite vitesse).

La navigation maritime à vapeur est-elle ainsi organisée? Pas encore : Les trains de grande vitesse existent, ce sont les paquebots des Messageries impériales, des Transatlantiques et de la Péninsulaire, services postaux. Les trains de moyenne vitesse existent : ce sont toutes les compagnies de transports maritimes à vapeur qui sillonnent les mers. Les trains de petite vitesse existent-ils? Nous ne le croyons pas; du moins n'existent-ils pas en assez grand nombre. Les steamers transportant les charbons des mines d'Angleterre à Londres, ceux qui transportent les houilles d'Angleterre à Bordeaux et autres ports du littoral, les steamers qui ont porté les blés de la Baltique en France; voilà les principaux.

Les exemples existent, on le voit, et le progrès à faire est assez vaste pour intéresser les armateurs. Mais, tels qu'ils existent, les paquebots sont susceptibles de rendre au commerce tous les services que le commerce est en droit d'attendre d'eux.

Toute la question est là : Créer des services de moyenne vitesse, c'est-à-dire diminuer le principal élément de dépenses, la consommation du charbon.

Supposons le même paquebot muni de machines différentes, transportant les mêmes marchandises au même fret.

Soit : un navire portant 1,000 tonneaux.

S'il marche à une vitesse de 14 nœuds (grande

vitesse) il aura une machine de 1,200 chevaux consommant 3,600 kilog. de charbon par heure.

S'il marche à une vitesse de 9 nœuds (moyenne vitesse) une machine de 600 chevaux consommant 1,800 kilog. de charbon par heure suffira.

Le même navire marchant à petite vitesse, soit 6 nœuds, pourra n'avoir qu'une machine de 400 chevaux consommant 1,200 kilog. de charbon par heure.

Pour un voyage de dix jours, le premier navire aura dépensé 864 tonneaux de charbons; le second 432 tonneaux ; le troisième 192 tonneaux. En évaluant le charbon au prix moyen des stations, soit 65 fr. le tonneau :

On a une dépense de 56,160 fr. pour le premier.
—   28,080 fr. pour le second.
—   12,480 fr. pour le troisième.

Telle est la différence de dépense pour le combustible. Il faut remarquer aussi que plus un navire consomme de charbon et plus il doit en posséder à bord, comme approvisionnement de route, ce qui diminue l'espace destiné à recevoir les marchandises payant du fret.

Prenons maintenant le même problème sous une autre face et la différence dans l'élément *recettes* en ressortira. Supposons trois navires ayant une machine identique de 1,200 chevaux, consommant par conséquent par heure la même quantité de charbon, mais ces navires augmentant de capacité suivant qu'ils doivent marcher à une vitesse plus ou moins grande.

Une machine de 1,200 chevaux fait marcher à grande vitesse (14 nœuds) un navire de 1,000 tonneaux.

La même machine ferait marcher à moyenne vitesse (9 nœuds), un navire de 1,500 tonneaux.

La même machine, enfin, ferait marcher à petite vitesse (6 nœuds), un navire de 2,000 tonneaux.

En supposant le chargement de la même marchandise, au même fret moyen de 100 fr. le tonneau :

Le premier encaisserait. . . . . 100,000 fr.

Le second . . . . . . , . . . 150,000

Le troisième 200,000

Il est vrai que se servant d'une machine de même force consommant la même quantité de charbon, la

dépense de consommation augmenterait à proportion de la longueur du voyage, consommation qui
serait loin, d'ailleurs, d'augmenter proportionnellement à la plus-value du fret.

Ce simple énoncé des chiffres en fait ressortir la
compensation.

Telle doit être la tendance des armateurs : substitution de la navigation à vapeur à moyenne et
même à petite vitesse, à la navigation à voiles.

C'est vers ce but que doit tendre l'industrie
française des mers. Qu'elle continue à se développer, qu'elle ne laisse échapper aucune occasion de
se perfectionner et surtout qu'elle se prépare un
matériel capable de satisfaire au mouvement commercial et maritime que produira, entre l'Europe
et l'Asie, le percement de l'Isthme de Suez, et non
seulement elle vaincra définitivement l'Angleterre,
dans la concurrence qu'elle soutient déjà si brillamment contre elle, mais elle vaudra au commerce
français la plus belle part de l'avenir que va inaugurer l'ouverture du Bosphore égyptien.

Mais, « les capitaux ne viennent pas à l'industrie
maritime; en France, on ne s'intéresse pas volon-

tiers dans une opération maritime ; on est toujours porté à croire qu'en le faisant, on va livrer sa fortune à l'inconstance des flots. » Ainsi s'exprimait M. Ancel au Corps législatif. Cela est vrai, et nous ajouterons même : cela est justifiable, si l'on veut parler de l'armement de voiliers. Cette peur de « l'inconstance des flots, » n'a, pour ainsi dire, pas de raison d'être, lorsqu'il s'agit de la navigation à vapeur. Cette affirmation serait d'ailleurs contradictoire avec le développement des compagnies de navigation à vapeur qui ne peuvent exister et n'existent en effet que grâce au concours des capitaux.

Par le développement de sa navigation à vapeur, disions-nous, la marine française prendra la part la plus large du mouvement qui va se produire entre l'Europe et l'Asie par le Canal de Suez.

Est-ce que nous formulions simplement un vœu ? Loin de là : nous pensions, en écrivant ces lignes, aux faits que l'expérience a confirmés. On ne se figure pas avec quelle infériorité la marine française agissait jadis dans les mers au delà de Suez ; aux Indes, par exemple. Pendant ce que nous appellerons le règne des voiliers, cette infériorité était décourageante. Une admirable comparaison a été fournie par M. Conseil. « Lorsque j'étais dans l'Inde, à la tête d'un comptoir qui s'occupait d'affaires avec l'Angleterre, aussi bien que d'affaires avec la France, voici ce qui se passait : « On nous expédiait un navire chargé de houilles ou d'autres cargaisons et l'armateur nous écrivait : « Vous recevrez mon navire à telle époque ; préparez-lui une cargaison de sucre. »

« Mais comme le produit de la cargaison n'eût pas été un équivalent suffisant pour faire face à l'achat de la cargaison de sucre, on y ajoutait une caisse ou deux de souverains ou de guinées.

« Le bâtiment partait, arrivait à notre consignation ; la cargaison était tout de suite débarquée. Si la récolte de sucre n'était pas encore sur le marché, alors, comme nous avions des fonds en main, on expédiait le navire immédiatement pour le Bengale afin d'y prendre une cargaison de riz qu'il rapportait deux mois après son départ ; il revenait alors prendre sa cargaison de sucre pour retourner en

Europe, et en dix mois il avait fait son voyage, qui lui avait ainsi produit trois frets.

« Mais le bâtiment français, comment opérait-il? Voici : A Nantes — je prends Nantes parce que c'est le port qui expédie le plus à la Réunion et dans l'Inde — il faut, pour charger un navire, *préparer une opération commerciale ; le navire est pour ainsi dire lié à cette opération*, c'est-à-dire qu'il y a plusieurs intéressés pour donner un fret à ce navire.

« Le navire arrive à destination, et comme le capitaine est dans *un pays inconnu*, n'ayant aucune idée de la valeur des acheteurs avec lesquels il doit traiter, il va trouver un négociant de la localité et il lui dit : Vendez ma cargaison et nous partagerons la commission.

« Mais pour vendre cette cargaison, il faut que le négociant fasse des publications pour annoncer la vente, ailleurs même que dans la localité, pour attirer la concurrence et débarquer des échantillons qui sont exposés longtemps avant la vente. Pendant ce temps le navire attend.

« Je mets les choses au mieux : Je suppose que la vente a eu lieu, qu'elle n'a pas été manquée ou retardée, dans quelles conditions se fait-elle ? Elle se fait contre des valeurs de place, contre des billets de marchands qui viennent avec leur simple signature acheter la cargaison. Pour opérer utilement le retour du navire, l'armateur recommande de charger le navire de sucre et de tirer sur lui pour la différence qui existe entre le produit de la cargaison d'arrivée et celui du chargement de sucre. Mais la vente ne se fait pas au comptant ; elle se fait à 6, à 9, à 12 mois. Il faut supporter l'escompte de ces billets ; car un billet à une seule signature ne se négocie pas. C'est encore un ducroire à payer au négociant en sus de ses autres commissions ; il faut une garantie à ceux qui prennent les traites : on ne se contente pas de traiter sur des négociants qui seront insolvables peut-être quand on les leur présentera ; il faut engager toute la cargaison de sucre par le connaissement que l'on donne comme garantie de la traite.

« Et puis encore, il faut encore faire des frais d'assurances, car si le navire fait des avaries en route, l'acte de grosse viendra primer les traites qui ne pourront être admises au paiement qu'après.

14

« Ainsi le bâtiment anglais a un grand avantage sur le bâtiment français; il fait trois voyages pendant que le bâtiment français en fait deux, et il les fait sans tous les frais accessoires qui incombent au bâtiment français *par suite du manque de capitaux.* »

Tel est le tableau, tracé par une main compétente, de ce qu'était la navigation française, dans les Indes, en face de la navigation anglaise. Il paraissait impossible de pouvoir jamais lutter. La navigation à vapeur française s'organisa, elle fonctionne, elle marche, elle va jusqu'aux Indes et aussitôt le changement se produit. Nous avons vu ce qu'est la concurrence victorieuse des Messageries impériales luttant contre la Compagnie anglaise péninsulaire et orientale.

Par le percement de l'Isthme de Suez, l'Inde ne sera plus « ce pays inconnu » dont parlait M. Conseil; mais il est important de se trouver prêts à égaler le commerce anglais dans tous les ports commerciaux répandus d'Aden jusqu'au Japon et qui vont être si près de nous.

Avoir un matériel de transport à vapeur approprié aux nouvelles exigences commerciales, ce sera beaucoup ; mais il faut encore favoriser le développement du commerce direct entre la France et l'Asie. Il faut que la France se délivre des entraves si bien signalées par M. Conseil. Ce n'est pas le « manque de capitaux » qu'il faut déplorer, mais « l'utilisation des capitaux » qu'il faut demander. « Ce qu'il faudrait, écrivait M. T. N. Benard en 1865, pour nous ouvrir des débouchés pour ainsi dire illimités, pour partager avec les Anglais et les Américains, les affaires fructueuses qui se font en Chine, au Japon, en Australie, dans toute l'Afrique, ce serait de grandes compagnies commerciales qui, agissant avec des capitaux considérables, jouissant d'un crédit de premier ordre, opéreraient sur des quantités énormes de produits. »

Un an après, en décembre 1866, les administrateurs du Comptoir d'escompte, dans une assemblée générale, demandaient à doubler le capital par suite de la « nécessité chaque jour plus grande d'étendre les ressources du crédit français aux opérations de notre grand commerce. »

Notre pays entretient avec la Chine, avec l'Inde, avec l'Australie, un mouvement commercial déjà

considérable. C'est déjà par centaines de millions
que se calcule la valeur des produits de toute nature que nos importateurs tirent annuellement des
pays de l'extrême Orient.

Jusqu'au jour où, dans une pensée qui répond à
un but vraiment national, le Comptoir d'Escompte
est venu lui prêter son appui, le commerce français,
privé d'intermédiaire, livré à lui-même, rencon-
trait les plus grandes difficultés et subissait les conditions les plus irrégulières, quant à la circulation
des capitaux qu'elle engage dans ses opérations.
Nos négociants avaient le choix entre deux moyens,
sources tous deux de graves inconvénients, et d'une
déplorable infériorité.

Ou ils allaient chercher les marchandises dans
les entrepôts de Londres et alors les marchandises
leur arrivaient grevées sous diverses formes : fret,
assurances, commissions, et ils étaient tributaires
du commerce anglais ; ou ils s'adressaient directement aux marchés de production et, dans ce cas,
il fallait demander aux banques anglaises, investies
du monopole du crédit dans ces lointains parages,
des facilités qu'elles faisaient payer fort cher, plus

cher naturellement qu'à leurs compatriotes. C'était encore une prime de 9 à 10 % que *prélevait sur nous l'intermédiaire britannique*. Souvent même il arrivait que ces banques faisaient à la marchandise qu'elles favorisaient, *l'obligation expresse d'emprunter des navires anglais et de débarquer dans des ports anglais.*

Et cependant qu'elle nation, en Europe, est mieux placée que la France pour centraliser, dirons-nous, les opérations commerciales du continent ? Les entrepôts anglais sont forcés de subir des frais répétés d'embarquement, de débarquement, de magasinage, d'assurances, etc., tandis que la France, avec ses ports sur l'Océan et sur la Méditerranée, rayonne, par ses chemins de fer, vers l'Allemagne, la Suisse, l'Espagne ou l'Italie. C'est par le despotisme du capital que l'Angleterre retient cette proie qui lui échappe. Et il ne faut pas aller jusqu'aux Indes pour trouver les preuves de ce despotisme. L'Angleterre reçoit encore dans ses entrepôts des produits français qu'elle réexporte à l'étranger.

Ces constatations sont excellentes pour tenir en

14.

éveil le monde commercial français; mais il faut
reconnaître le développement .des opérations de
transit en France, qui a coïncidé avec le développement des voies de communication. Le transit était de
76 mille tonnes en 1856. Il était de 271 mille
tonnes en 1864. « Telle est, disait avec raison
M. Emile Péreire au Corps législatif, le 16 avril
1866, la force expensive du commerce et de l'industrie, avec le concours d'une *bonne navigation à
vapeur*, des canaux et surtout des chemins de
fer. »

A la veille de voir l'Inde, ce « pays inconnu, »
rapproché de la France par le percement de
l'Isthme de Suez, on dirait que les anglais ont
tenté un suprême effort pour s'emparer exclusivement et définitivement du commerce indien. Nous
avons vu devant quels obstacles s'est heurtée la
marine française pour prendre sa part de ce mouvement. La lutte était inégale, impossible, et, par
la route du Cap, les seuls voiliers pouvant tenter
des transports, il s'est produit ce fait que le mouvement total du tonnage entre l'Inde et la France a
diminué pendant que les paquebots des Messa-

geries impériales prospéraient dans ces parages.

Voici comment s'exprimait, en 1866, M. Forcade de la Roquette, alors vice-président du conseil d'État, aujourd'hui ministre de l'agriculture, du commerce et des travaux publics.

« Notre commerce avec les Indes, ne l'exagérons pas, nous pouvons le dire avec un sentiment de regret, ce commerce n'a jamais été bien développé : à l'époque du ministère de M. Thiers, il ne s'est guère élevé au delà de 40,000 tonnes ; ensuite il s'est élevé à 80,000 tonnes ; puis il est arrivé à 120,000 tonnes.

Depuis 1857 et 1858, il diminue, non pas depuis, mais avant le traité de commerce : il était de 120,000 tonnes en 1856, et il est descendu à 100,000 tonnes en 1859 ; puis il est descendu à 90,000 tonnes à peu près. La proportion n'est peut être pas tout à fait exacte. Je l'indique seulement pour la facilité du raisonnement.

« Est-ce que le commerce de la France diminuerait sensiblement dans la mer des Indes et l'extrême Orient ? Le gouvernement serait bien mal récompensé de tous ses efforts.

« Nous avons la Cochinchine, nous avons fait l'expédition de Chine, ce que, dans de pareilles circonstances n'ont point fait les gouvernements précédents; nous avons les paquebots de l'Indo-Chine; nous avons demandé à l'Inde des cotons que ne nous fournissait plus l'Amérique, à la Chine ses soies. Le commerce a augmenté, l'industrie s'est développée, tous les éléments commerciaux ont pris part à ce grand développement. Et vous dites que le commerce diminue ! Non, le commerce ne diminue pas ; *seulement la route change !* (Mouvement. C'est vrai ! Très-bien !) *Autrefois, on passait par le Cap de Bonne-Espérance ;* ça a été un grand progrès ; c'est une belle page dans l'histoire de la marine, que celle où il est parlé du premier navigateur qui a franchi le Cap de Bonne-Espérance.

« Eh ! bien, messieurs, aujourd'hui nous faisons, nous aussi, une grande œuvre à laquelle un nom français, désormais illustre, est attaché : celui de M. de Lesseps. (Très-bien, très-bien.) *Nous cherchons la route de l'Inde par l'Isthme de Suez...* Et déjà avant que l'Isthme soit percé, on passe moins par le Cap de Bonne-Espérance. Non, ce n'est pas le commerce qui diminue, c'est la route qui change» (Applaudissements).

Nous ne pouvions donner de meilleure conclusion à notre travail que les paroles de M. Forcade la Roquette.

Après avoir étudié les conditions économiques de l'industrie française des transports maritimes, après avoir démontré la supériorité de la marine française par le développement de la vapeur, après avoir, enfin, entrevu l'avenir de la France au point de vue du matériel des transports maritimes, à propos du prochain percement de l'Isthme de Suez, il nous reste à montrer aux armateurs sur quel élément de transport ils peuvent compter, à définir le nombre et la nature du tonnage qui passera par le canal de Suez, dès qu'il sera ouvert à la grande navigation.

TROISIÈME PARTIE.

Du mouvement maritime et commercial par le canal de Suez.

Parmi les études commerciales publiées depuis quelques années, il en est peu qui ne contiennent au moins la mention de cette révolution maritime que doit produire l'ouverture du canal de Suez à la grande navigation. Les unes se contentent de signaler, à un point de vue général, le double avantage qui en résultera pour le commerce universel et pour la Compagnie du canal maritime, le bénéfice qui en découlera pour les armateurs et pour les actionnaires de la Compagnie. Les autres, s'étendant davantage sur ce sujet, reproduisent des documents qui permettent de supputer ce que sera le mouvement maritime par le canal. Mais ces études, faites quatre, six et même dix ans avant l'ouverture probable du canal de Suez à la grande navigation, ne permettaient pas à leurs auteurs de donner, autrement que par des termes de comparaison, des chiffres représentant le mouvement commercial et maritime dont bénéficiera le canal égyptien. Les éléments de calculs se composaient de trois opérations distinctes :

1° Nombre réel du tonnage transporté d'Occident en Orient et vice versa, par la voie du cap de Bonne-Espérance et par le transit à travers l'Egypte (chemin de fer d'Alexandrie à Suez et caravanes.)

2° Constatation de l'accroissement annuel moyen de ce mouvement, et, par suite, accroissement probablement atteint à l'époque de l'achèvement du canal.

3° Contingent de marchandises que donneront, lors de l'ouverture du Canal, les pays frappés d'abandon depuis la découverte du cap de Bonne-Espérance, tels que la Perse, l'Arabie, l'Abyssinie et les côtes orientales de la mer Rouge.

4° Enfin, développement extraordinaire que prendront les échanges commerciaux entre l'Europe et l'Asie, suivant la loi commune, lorsqu'une voie de communication directe et facile leur sera livrée.

De ces quatre éléments de calculs, un seul, le premier, donnait des chiffres certains. Le second prenait une valeur incontestable dans l'expérience d'un passé ne se démentant pas; quant aux deux autres, aucun chiffre ne permettait un problème bien posé.

Ainsi, sur quatre *données*, trois voyaient leur importance diminuer par le délai plus ou moins long qui séparait l'époque où l'étude était faite de celle où le canal devait être terminé.

Cet état de choses n'a pas encouragé jusqu'ici les auteurs des nombreux travaux publiés, relativement au commerce et à la navigation, à sortir des considérations générales pour se livrer à l'étude détaillée de cette question.

La situation n'est plus la même. Le canal sera complètement ouvert au commerce le 1er octobre 1869 au plus tard. Cette date, si rapprochée, per-

met des calculs certains. Nous avons pensé que
réunir, dès maintenant, les éléments de ces calculs
était la conséquence obligée de la démonstration
que nous avions à faire de la substitution de la navigation à voiles par la navigation à vapeur et du vœu
que nous avons formé de voir la marine marchande
française prête, le 1ᵉʳ octobre 1869, à bénéficier le
plus largement possible du percement définitif de
l'Isthme de Suez.

Quelles avaient été, au sujet du mouvement
commercial et maritime par le canal de Suez, les
suppositions écrites; quels chiffres avaient été
publiés, et comment les faits ont-ils déjà confirmé
ce que certaines personnes appelaient « des hypo-
« thèses, » tel sera le sujet de notre premier
examen.

Ayant été nous-même appelé, en 1863, à étudier, dans *la Patrie,* certaines questions relatives à
l'avenir des ports de Marseille, nous avions dû nécessairement prévoir quel surcroît de mouvement
donnerait à ces ports l'ouverture du canal de Suez.
Voici ce que nous écrivions :

« Pour étudier les conséquences du percement

de l'Isthme de Suez, nous n'avons pas de chiffre total officiel duquel nous puissions extraire un résultat direct, mais nous avons réuni et coordonné assez de résultats partiels pour pouvoir tenter de prévoir le minimum de ces conséquences. En effet, de quoi s'agit-il ? Qu'est-ce que le canal de Suez ? La chambre de commerce de Marseille, soumettant à l'Empereur un extrait de ses délibérations du 28 août 1857, répondait à ces questions en ces termes : « Le percement de l'Isthme de Suez est la conquête par excellence, puisqu'il ne s'agit de rien moins que de créer un raccourci de plusieurs mille lieues entre les régions asiatiques et le monde européen… Il s'agit de restituer à la Méditerranée la route que le commerce avait suivie de temps immémorial et qu'il a perdue depuis quatre siècles par la découverte du cap de Bonne-Espérance. » Ces réponses sont claires, précises et indiscutables. Il nous suffit donc de savoir quel tonnage passe actuellement par le cap de Bonne-Espérance pour arriver à connaître quel sera, par le fait de l'ouverture de la voie nouvelle, l'accroissement commercial dont bénéficiera le bassin méditerranéen.

« Ici, nous devons encore diviser nos recherches en deux catégories : il nous faut d'abord voir quel sera le développement naturel du trafic existant entre l'Europe et l'Asie par le cap de Bonne-Espérance, et ensuite juger de l'accroissement commercial que créera l'ouverture du canal.

« Les *Annales du commerce extérieur*, publiées par le ministère français de l'agriculture, du commerce et des travaux publics, nous fournissent un chiffre **officiel** : Le *relevé du mouvement maritime et commercial entre l'Europe et l'Asie* **pour 1853**, y est porté à 2,280,924 tonnes. Si, ajoute le rédacteur de cette publication, on tenait compte des transactions de toute nature dont les mers orientales sont le théâtre, ainsi que des mouvements aujourd'hui si fréquents, si rapides des services à vapeur qui relient l'Inde à l'Europe et à l'Amérique, on arriverait *aisément*, y compris les transactions américaines, à *tripler*, à **quadrupler** peut-être le chiffre cité plus haut. »

Et il faut remarquer qu'il s'agit là absolument du trafic par le cap de Bonne-Espérance. Il n'est pas tenu compte du trafic existant entre l'Europe et l'Asie par le chemin de fer égyptien ; ni du trafic entre la Perse, l'Inde et l'Europe par les caravanes et la mer Noire.

En 1856, la *Revue d'Edimbourg*, sorte de fort détaché dans lequel lord Palmerston avait placé quelques-uns de ses tirailleurs, ouvrit le feu contre l'entreprise du canal de Suez, qui n'était encore qu'un projet. M. Ferdinand de Lesseps, relevant les inexactitudes sciemment formulées par le rédacteur anglais, traita du tonnage sur lequel il basait ses calculs pour assurer un avenir rémunérateur à l'entreprise. Il ne tint aucun compte de l'accroissement *triple* et *quadruple* prévu par les *Annales du commerce extérieur,* afin de rester dans un minimum indiscutable. Les auteurs de l'avant-projet du canal de Suez, appelés à fixer le même minimum, l'avaient porté à 3 millions de tonnes. Le document que publia M. Ferdinand de Lesseps en réponse à la *Revue d'Edimbourg,* à ce sujet, contient les lignes suivantes :

« En 1853, le mouvement total de la navigation par le cap de Bonne-Espérance était de 2,280,924 tonnes, y compris un mouvement approximatif

qu'on doit y ajouter, de 364 navires américains représentant à peu près 300,000 tonneaux. Comme
dans ces dernières années la progression constante
de la marine anglaise toute seule a été à peu près de
100,000 tonnes par an, on peut sans la moindre exagération assurer que dans l'année qui vient de finir
(1856), le tonnage général passant par la voie du
Cap se monte, au minimum, à 2,500,000 tonneaux,
et très-probablement quelques 100,000 tonnes encore au delà. Ce premier chiffre doit s'augmenter
nécessairement de 1/4 ou même de 1/3 tout au
moins, d'après cette considération admise par tous
les marins et les armateurs, que le chargement réel
est toujours d'autant supérieur à la jauge légale. Il
est bien connu que les quelques navires qui portent le charbon de Newcastle à Aden et à Suez, ont
en moyenne 400 tonneaux de jauge légale, tandis
qu'en réalité ils chargent 600 tonneaux de houille.
L'auteur de l'article n'a qu'à se renseigner sur ce
point auprès des courtiers de Londres. Tous les
navires anglais et américains qui font ces longs
voyages de l'Inde et de la Chine sont fort grands ;
et quoiqu'en général ils soient construits pour la

marche, ils portent souvent un quart et même un tiers de plus que leur tonnage déclaré. C'est en tenant compte de ces circonstances bien connues qu'on a pu évaluer, avec une approximation qui équivaut à une certitude, le tonnage du port seul de Calcutta à 1,300,000 tonneaux pour toutes les nations, en 1855. Je crois pouvoir assurer qu'il n'y a pas un seul négociant éclairé de Calcutta qui démente ce chiffre, qu'on peut regarder comme très-modéré.

« Les auteurs de l'avant-projet, qui d'ailleurs faisaient leurs réserves et annonçaient l'intention de se livrer à de nouvelles recherches statistiques, propres à modifier ou à fortifier leur première opinion, n'avaient donc point exagéré les faits. Ils avaient évalué tout le mouvement maritime de la mer Rouge, des côtes et îles de l'Afrique orientale, de la mer des Indes et de l'Australie avec les autres parties du monde à 6,000,000 de tonneaux ; et ils n'avaient appliqué au mouvement d'entrée et de sortie du canal de Suez, pour l'époque où il serait ouvert, que 3,000,000 de tonneaux. »

On voit que malgré la certitude des calculs faits

conduisant à un mouvement de 6,000,000 de tonneaux, le fondateur de la Compagnie du canal de
Suez, répondant aux porte-voix de lord Palmerston,
ne présente, comme avenir rémunérateur, que la
moitié du mouvement total.

Pour nous, qui avons demandé aux chiffres officiels, publiés tant en France qu'en Angleterre, la
justification des prévisions certaines de l'avenir du
canal de Suez, nous retenons le chiffre de 6,000,000
de tonnes pour le mettre en regard des résultats
chiffrés que nous avons obtenus.

Pendant cette même année de 1856, alors que la
politique anglaise affichait ainsi publiquement sa
déclaration de guerre au projet de M. Ferdinand
de Lesseps, le roi de Hollande, mieux avisé,
chargea son ministre de l'intérieur, M. Simons,
d'examiner tout spécialement la question du percement de l'Isthme de Suez. Le ministre de S. M.
néerlandaise proposa, par un rapport en date du
8 juillet 1856, de nommer une commission ayant
pour objet : 1° Une enquête sur les conséquences
probables qu'aura pour le commerce et la navigation en général, et pour les Pays-Bas en particulier,

le percement de l'Isthme de Suez... Deux jours
après, la Commission était nommée, et elle livrait
son rapport au roi le 19 février 1859. Ce rapport
volumineux fut ensuite livré à la publicité.

La question du mouvement commercial et maritime par le canal fut naturellement l'une de
celles qui appelèrent l'attention des membres de
la commission Les bases d'évaluation étaient déjà
plus larges que celles sur lesquelles les auteurs de
l'avant-projet et M. Ferd. de Lesseps lui-même
avaient calculé l'avenir. Il est intéressant d'examiner si ces prévisions que nous avons relatées
furent démenties. Cet examen acquiert d'ailleurs
une véritable importance par la valeur des hommes
dont nous allons résumer les travaux et le caractère
officiel du document à analyser.

Dans son rapport au roi, le ministre avait dit :
« Le percement de l'Isthme de Suez, qui doit tant
abréger la route des Indes, aura la plus grande influence sur le commerce et la navigation générale
du monde. »

La commission, à son tour, s'exprime ainsi dans
son rapport : « La tâche qu'il a plu à Votre Majesté

de confier à la commission chargée de rechercher les conséquences probables du percement projeté de l'Isthme de Suez n'est pas seulement d'une haute importance, elle est aussi d'une grande difficulté, car il est question ici d'un événement qui, suivant l'opinion générale, amènera à sa suite *une révolution* dans le commerce et dans la navigation de la plus grande partie des peuples. »

Il n'est pas possible de reproduire ici tous les éléments de calculs réunis par la commission hollandaise pour supputer la somme du tonnage qui ne peut manquer, d'après elle, de prendre la route du canal de Suez. Mais nous avons sous les yeux un admirable résumé de ce travail, en développant toutes les conséquences, et qui a été publié en tête même de la traduction française du rapport de la commission. Ce résumé porte la date de 1860. Nous le reproduisons.

« La commission hollandaise porte à un million de tonneaux effectifs « l'exportation seule des produits des Indes Anglaises pour 1855. (Le même nombre de navires suffit à peine à l'importation.) Le mouvement des importations et des exportations s'élèverait donc à . . . .   2,000,000 t^x.

« Il s'agit de l'année 1855, depuis laquelle une période de cinq ans s'est écoulée ; or, d'après la commission, ce mouvement commercial *s'accroît annuellement d'un dixième.*

« La commission s'exprime ainsi : « Pour l'exportation seule des produits du pays, de la ci-devant Compagnie (des Indes), il a fallu en dernier lieu 1,300 navires, représentant une capacité de chargement de 1 million de tonneaux. Ce chiffre *augmente chaque année de près d'un dixième* et ce même nombre de navires suffit à peine à l'importation, si l'on considère que l'introduction des objets de fabrique anglaise de 1852 à 1855 est estimée à la valeur de plus de 1 million de florins (2,110,000 fr.); presque deux fois plus que la

moyenne des années qui ont pré-
cédé 1850. » En 1840, l'Angleterre
importait dans les deux seuls ports
de Bombay et de Calcutta, 77 millions de yards en tissus de coton.

« En 1849, cette exportation
s'est élevée à. . . . 229 millions.

Elle était :

En 1857 de. . . 304   —
Et en 1859 de. . 735   —

« D'après les faits connus, nous
croyons cette estimation trop mo-
deste.

« D'après les documents officiels
anglais, résumés jusqu'à cette
époque (1860), la progression du
mouvement commercial entre l'Angleterre et les Indes pendant la
période décennale 1850-1859, se
chiffre ainsi qu'il suit :

« Accroissement pour la Péninsule indienne 174 %, ou en
moyenne, 17.40 % par an.

« Accroissement pour Ceylan, 206 %, ou 20.60 % par an.

« Accroissement pour Singapore : 153 %, ou 15.30 % par an.

« Accroissement pour l'Australie : 331 %, ou 33.10 % par an.

« Mais nous ne discutons point, nous recueillons simplement les chiffres et les constatations du rapport.

« L'accroissement annuel du dixième sur 2 millions de tonneaux est de 200,000 tonneaux, et par conséquent, de 1856 à 1860, l'accroissement est de. . . . . $\underline{1,000,000 \ t^x.}$

$3,000,000 \ t^x.$

« Nous comptons que trois ans s'écouleront encore avant que le canal soit propre à offrir un passage à la grande masse de la navigation entre l'Inde et l'Europe. Le mouvement ascensionnel déjà déterminé, indépendamment du percement de l'Isthme, n'en con-tinuera pas moins. Sur la somme de 3,000,000 de tonneaux exis-tant en 1860, il sera, dans la même proportion d'un dixième, de 300,000 tonneaux par an, ou pour les trois ans. . . . .   900,000 t^x.

« Total du seul tonnage pour l'Inde en 1863, d'après les chiffres hollandais. . . . .   3,900,000 t^x.

« Pour la Chine, nous évaluons, d'après les données fournies égale-ment par le rapport, le tonnage à un minimum de. .   500,000 t^x.

« Les documents anglais nous apprennent que depuis 1855 l'in-tercourse de la Chine avec l'Occi-dent a énormément augmenté.

« Dans la période décennale 1850-1859, les exportations an-glaises en Chine, non compris les

possessions britanniques de Hong-
Kong, ont augmenté de 159 %,
ou en moyenne, d'environ 16 %
par an.

« L'augmentation de Hong-Kong
a été de 221 %, ou un peu plus
de 22 % par an.

« Nous nous maintiendrons dans
les appréciations du rapport ; nous
n'admettrons l'augmentation pour
les cinq années subséquentes, que
dans la mesure du dixième ou
50,000 tx. par an, formant ensemble. . . . . . .   250,000 t^x.

« Tonnage actuel
(1860)   avec   la
Chine . . . .   750,000 t^x.
— Pour les trois années à courir
avant l'ouverture du canal à la
grande navigation, le dixième par
an sur 750,000 tonn., 225,000 t^x.

« Tonnage avec la

Chine en 1863. . . 975,000 t^x. ci. 975,000 t^x.

Tonnage total pour les Indes anglaises et la Chine seulement, en 1863, d'après les prévisions hollandaises . . . . 4,875,000 t^x.

Voilà ce qui résulte arithmétiquement des recherches et des faits statistiques consignés dans le rapport d'enquête, et ces faits sont corroborés par les documents officiels publiés en France même.

Les *Annales du Commerce extérieur* nous apprennent que pour l'année 1857, les entrées et les sorties dans le port de Calcutta se sont montées à 1,706 navires, portant 1,296,151 tonneaux de *jauge,* ou environ 1,700,000 tonneaux *effectifs.* C'est, dès 1857, pour Calcutta, presque autant que le tonnage entier (2,000,000 de tonneaux), attribué pour 1855, par la commission hollandaise, à tout le commerce des Indes anglaises, embrassant, outre Calcutta, Ceylan, Surate, Kurrachee, Bombay, Madras, tout le vaste littoral de la Péninsule, depuis le golfe de Cambaye, jusqu'au golfe du Bengale. Ajoutons que le mouvement maritime de Bombay et celui de Madras seuls sont égaux à celui de Calcutta.

Ainsi, pour l'année 1856-57, d'après le même document, tandis que le chiffre des exportations et des importations pour le Bengale était de 690 millions de francs, il était pour Bombay et Madras de 689 millions. Si donc Calcutta a employé à son service maritime 1,700,000 tonneaux effectifs en 1857, Bombay et Madras en ont dû employer la même quantité, ce qui porterait, pour 1856-57, le tonnage de ces trois ports seulement à 3,400,000 tonneaux.

Il est vrai que sur le chiffre d'environ 5,000,000 de tonneaux, il faut défalquer le tonnage des échanges directs qui s'opèrent entre l'Inde anglaise et la Chine. Mais cette défalcation ne peut altérer profondément les conclusions ressortant du tableau ci-dessus.

« D'après les *Annales du commerce extérieur*, les échanges entre la Chine et Calcutta, centre principal de ce commerce aux Indes, ont été pour

1857-1858 d'un peu moins de 150 millions, savoir :

Importations en Chine. . .	114,551,000 fr.
Exportations.	32,779,000

« Cette énorme différence entre les importations et les exportations s'explique par ce fait que Calcutta est l'entrepôt d'où les expéditions d'opium s'effectuent sur la Chine.

« Il résultait donc, des travaux de statistiques entrepris en 1856, poursuivis et publiés en 1860 par la « Commission hollandaise chargée de rechercher les conséquences probables du percement de l'Isthme de Suez » que le tonnage total pour les Indes anglaises et la Chine seulement devant passer par le canal, s'élèverait à 4,875,000 tonnes en « 1863. »

« Ces prévisions laissaient, par conséquent, absolument de côté, non-seulement les prévisions de l'influence que, dans les convictions du rapport, la *route nouvelle* exercera sur ce même mouvement commercial de l'Inde et de la Chine; mais encore le mouvement réel, connu, existant déjà entre l'Europe et l'archipel des Philippines, l'Australie, le Japon, l'île Maurice, l'île de la Réunion, Madagascar, la Perse, les contrées du littoral de la mer Rouge, l'Arabie, la côte orientale d'Afrique, la côte pacifique des deux Amériques, ainsi que le mouvement commercial établi entre l'Asie et les ports du Mexique et des États-Unis.

« L'approximation à minimum de ce mouvement réel jointe·aux calculs du tonnage pour les Indes anglaises et la Chine conduisait au chiffre total d'environ 6 millions de tonneaux. »

Nous pourrions encore citer d'autres études poursuivies dans le même but, formulant directement ou indirectement le chiffre de 6,000,000 de tonneaux.

Malgré ces travaux, et nous avons reproduit les deux principaux, M. Ferdinand de Lesseps s'en tient constamment aux faits connus et ne signale pas une seule fois, avant 1867, ce chiffre de 6,000,000 de tonneaux, parce qu'il n'était encore que le résultat de calculs faits par l'application des progressions certaines constatées. Mais, en 1867, l'expérience était venue confirmer l'exactitude des ·calculs des auteurs de l'avant-projet du canal maritime de Suez, du rédacteur des *Annales officielles du commerce extérieur* et de la Commission hollandaise. Il consentit, le 1ᵉʳ août 1867, à signaler ce chiffre de 6,000,000 de tonneaux comme élément des bénéfices sur lesquels avaient le droit de compter ses actionnaires.

Il nous reste donc, après avoir constaté qu'elles ont été, au sujet du mouvement commercial et maritime par le canal de Suez, les suppositions écrites, les chiffres publiés, d'examiner comment ces suppositions se sont confirmées, comment ces chiffres se sont réalisés.

Les documents les plus complets que nous avons pu réunir nous donnent exactement le mouvement commercial et maritime entre l'Europe et l'Asie, en 1865. Le canal de Suez devant être définitivement achevé à la fin de 1869, nous avons fait le même travail, absolument, pour 1860, afin d'obtenir un terme exact de comparaison qui nous permit de chiffrer le mouvement commercial et maritime de 1870.

Il existait deux seuls moyens d'arriver à connaître aussi exactement que possible le mouvement maritime entre l'Europe et l'Asie. Le premier consistait à relever le nombre et le tonnage des navires jetant l'ancre dans les ports asiatiques ; le second consistait à relever le nombre et le tonnage dans les ports européens. On comprend que nous n'avons pas hésité à adopter cette dernière base. En effet, les statistiques européennes, émanées des ministères, nous donnaient des garanties d'exactitude que nous n'aurions pu obtenir des documents parvenus des pays orientaux.

Adoptant donc, comme base de nos recherches, les documents officiels européens, nous ne nous sommes pas contentés de relever les chiffres totaux du mouvement maritime. Pour la France et pour l'Angleterre, nous avons dressé des tableaux donnant le détail des entrées et sorties, par ports de provenance ou de destination.

En 1860, la navigation entre les ports de la France et les pays favorisés par le percement de l'Isthme de Suez donne les résultats suivants :

Entrées . . . .   175,205 tonneaux.
Sorties   145,420   —
    Total. . . . .   320,625 tonneaux (**a g**).

La navigation entre les ports de la Grande-Bretagne et les ports des pays favorisés par le canal de Suez, s'établit ainsi :

Entrées. . . . . . 1,046,032 tonneaux.
Sorties. . . . . . 1,595,641 —

Total. . . . . 2,641,673 tonneaux (**ai**).

En 1865, la navigation entre les ports de la France et les ports favorisés par le canal de Suez, donne les chiffres suivants :

Entrées. . . . . . . 208,212 tonneaux.
Sorties. . . . . . . 234,920 —

Total. . . . . . 443,132 tonneaux (**ah**).

Et la navigation entre les ports de la Grande-Bretagne et les ports favorisés par le canal de Suez, s'établit ainsi :

Entrées. . . . . 1,520,167 tonneaux.
Sorties. . . . . 1,934,859 —

Total. . . . . 3,455,026 tonneaux (**aj**).

Soit, en résumé, pour la France, un mouvement total, entrées et sorties réunies :

En 1860, de. . . . .   320,625 tonneaux.
En 1865, de.   443,132   —

Pour l'Angleterre, ce mouvement total est :

En 1860, de. . . .   2,641,673 tonneaux.
En 1865, de. . . .   3,455,026   —

Suivant la progression généralement acceptée de l'accroissement maritime et commercial, que la commission hollandaise fixait, elle aussi, à environ un dixième par an, l'augmentation de 1865 sur 1860 devait être d'environ 5 dixièmes. On voit que cette progression est une fois de plus vérifiée.

En somme, le mouvement maritime spécial dont nous nous occupons donne, pour 1865, les chiffres suivants :

Pour la France. . .   443,132 tonneaux.
Pour l'Angleterre. .   3,455,026   —
                        _____
Total. . . . . .   3,898,158 tonneaux.

Avant de calculer ce que sera ce mouvement en 1870, nous devons exactement établir ce qu'est le mouvement total de la navigation entre les ports d'Europe, d'Asie et d'Amérique que favorisera le percement de l'Isthme de Suez.

Nous avons, en 1865 :

Pour la France. . . . .   443,132 tonn.
Pour la Grande-Bretagne. . . 3,455,026 —
    Le mouvement maritime en-
tre la Belgique et les ports
d'Asie, entrées et sorties réunies, nous donne, pour 1865,
un total de. . . . .   56,000 —
Pour la Hollande de.. . . . .   800,000 —
Pour Brême de. . . . .   60,000 —
Pour Hambourg de. . . . . .   55,000 —
Pour l'Espagne de. . . . . .   20,000 —
Pour l'Allemagne, l'Italie, le
  le Portugal et autres pays. .   195,000 —
    Pour établir le mouvement
maritime entre les ports des
États-Unis sur l'Atlantique et
les ports asiatiques, l'absence de documents statisti-

ques nous a forcé de réunir de toutes parts les éléments indispensables à notre résumé d'étude.

En 1853, comme nous l'avons vu dans un document officiel, le mouvement maritime entre l'Amérique et l'Asie était de 364 navires jaugeant 300,000 tonneaux.

En 1858, 600 navires, représentant un mouvement minimum de 600,000 tonnes (aller et retour), importaient et exportaient les marchandises de New-York et Boston aux Indes et la Chine et *vice versâ*. Ces chiffres étaient loin d'être complets.

(Les principaux objets d'importation étaient, en 1858 :

50,000 caisses de casse.

54,000 sacs de café.

34,000 piculs de bois de sandal.

61,000 balles de chanvre de Manille.

7,000 balles de peaux.

3,900 caisses d'indigo.

2,900 caisses de laque à teindre.

330,000 sacs de graines de lin.

12,000 sacs de poivre.

90,000 sacs de salpêtre.

5,724 balles de peaux de chèvre.

148,000 sacs de sucre.

38,174 caisses de thé.

5,000 plaques d'étain.

Jute, cachou, gingembre, huile de ricin, riz, caoutchouc, camphre, sagou, muscade, drogues, épices, *etc.*

L'exportation se composait de viandes salées, huiles, potasse, tabac, boissons, houilles, cotonnades, céréales, bois de construction, fers, machines ; plus, 150,000 tonnes de glace, dont une grande partie pour les Indes et la Chine.

En 1867, le mouvement maritime entre Boston, New-York et les ports d'Asie était représenté par 1,200 navires, non compris, bien entendu, les marchandises ayant passé en transit par la France et par l'Angleterre.)

Ce mouvement était, approximativement, en 1865, de. . . . .   600,000 tonn.

Il faut ajouter à ces chiffres le tonnage des transports militaires (troupes et approvisionnements) de la France et de l'Angleterre pour les Indes, la Chine, la Cochinchine, Mau-

rice et la Réunion, qu'on peut
évaluer, pour 1865, à. . . . .   200,000 tonn.

Le mouvement total de la
navigation entre les ports
d'Europe, d'Asie et d'Amérique que va rapprocher le canal maritime de Suez, tel qu'il
résulte des documents officiels, était en conséquence,
pour 1865, de. . . . , ...   5,800,000 tonn.

Or, ce total établit le mouvement maritime évalué suivant le tonnage jaugé. Le tonnage *effectif* étant, au *minimum*, de 25 % supérieur au
tonnage jaugé, ces 5,800,000
tonnes représentent réellement
un mouvement maritime, pour
1865, de. . . . .   7,250,000 tonn.

Les prévisions des auteurs de l'avant-projet du
canal de Suez, du rédacteur des *Annales du Ministère du commerce en France*, de la Commission

royale hollandaise, ne se sont donc pas seulement réalisées : elles ont été dépassées [1].

Nous conserverons cependant, dans la suite de nos déductions, la même base de calcul, pour déterminer le mouvement maritime par le canal de

[1] Au moment même où nous allions porter cette partie de notre étude chez l'imprimeur, la livraison du 31 mars 1868 de la *Revue Contemporaine* nous a été communiquée. L'auteur d'une étude sur « le canal de Suez, sa construction et son exploitation, » M. Amédée Marteau, publie précisément l'état du mouvement maritime qui s'opère entre l'Europe, l'Amérique et les contrées de l'extrême Orient. Ce travail est d'autant plus intéressant, pour nous, que son auteur ne l'a pas établi suivant notre méthode et qu'il est, par conséquent, le meilleur des contrôles que nous puissions placer à côté de nos recherches.

« Il est constant, écrit M. Amédée Marteau, que pour bien apprécier l'importance du transit qui aura lieu par le canal maritime de Suez et ses développements ultérieurs, il faut dès à présent déterminer le mouvement qui s'opère entre l'Europe, l'Amérique et les contrées de l'extrême Orient. Les dernières statistiques remontent à quelques années déjà, mais en les examinant de près, on constate une progression invariable et constante, d'année en année, qui permet, toute proportion gardée, d'arriver, pour l'époque où nous sommes, à des chiffres qui ne doivent pas s'écarter sensiblement de la vérité. C'est donc d'après l'examen de ces statistiques et en tenant compte des augmentations normales, que nous nous sommes arrêté aux chiffres suivants, que nous donnons comme aussi exacts que possible.

Le tableau ci-dessous indique, bien entendu, le mouvement dans les deux sens. Il faut faire observer, en outre, que le chiffre du tonnage ne représente pas la quantité de marchandises, soit comme poids, soit comme capacité encombrante. Nullement; le chiffre de 7,300,000 tonnes représente la capacité offerte annuellement au commerce par les 9,600 navires

16.

Suez, dès la première année de son complet achèvement, soit 1870.

En appliquant au mouvement maritime et commercial de 1865, mouvement constaté par les docu-

qui circulent entre l'Europe, l'Amérique et l'extrême Orient. Ce point a
son importance.

Provenance.	Destination.	Nombre de navires.	Nombre de tonnes.
Angleterre.	Indes orientales.	4,000	3,200,000
Hollande.	Java, îles de la Sonde. . .	800	500,000
France.	Indes, Réunion, etc. . .	600	300,000
Autres pays d'Europe : Espagne, Portugal, Danemark, Prusse, Suède.	Indes, etc.	500	250,000
Europe.	Chine, Japon, îles de la Sonde.	1,000	800,000
Littoral de la Méditer- ranée.	Mer Rouge, côte d'Afrique, Indes, etc.	1,200	1,000,000
Europe.	Australie, Nouvelle-Zélande.	500	250,000
États-Unis.	Extrême Orient, Indes. . .	1,000	1,000,000
	Totaux.	9,600	7,300,000

« On peut donc dire, sans s'éloigner sensiblement de la vérité, qu'entre
les points ci-dessus il se fait un mouvement de 7 millions de tonnes et
que la somme des échanges s'élève à plus de 4 milliards de francs. —
Dans notre pensée, ces chiffres recevront, d'ici à dix ans, un accroissement sensible, car ils sont loin de représenter la somme des transactions
possibles et désirables. Une grande partie de l'Europe est privée encore
des denrées de l'Inde ou les paye des prix exorbitants. La baisse des frets,
résultat immédiat de l'ouverture du canal de Suez, permettra d'apporter

ments officiels, la progression annuelle d'un dixième adoptée comme normale par la Commission hollandaise, et qui a reçu la sanction des faits accomplis, pour les cinq années qui séparent 1865 de 1870,

ces denrées à meilleur marché et en développera d'une part la production, d'autre part la consommation ; c'est une loi économique dont les chemins de fer, partout ou on en a établi, ont démontré l'évidence.

« D'un autre côté, les fabriques européennes, dont les produits s'exportent en Orient, recevront une activité plus grande. Cela est également démontré, et les chiffres ci-après ne laisseront aucun doute à cet égard : en 1840 l'Angleterre exportait pour l'Inde 77 millions de mètres d'étoffes de coton, tissus de Manchester, Glascow, etc. En 1865, cette exportation a atteint le chiffre énorme d'environ 1 milliard de mètres. Il est clair que les autres articles d'exportation européenne ont suivi une progression analogue : les draps, les tissus de laine, les papiers, la coutellerie, les machines, les vins de France s'en iront en quantités plus grandes sur le marché de l'Orient, qui apprendra à consommer ces produits et offrira à l'Europe un débouché immense.

« A ceux qui seraient tentés de taxer d'exagération le chiffre de 7 millions de tonnes que nous donnons comme représentant la capacité des navires consacrés aux transports entre les points désignés en notre tableau, nous répondrons que le transit des Dardanelles, constaté officiellement, s'élève annuellement à 6 millions de tonneaux, et cependant ce détroit ne conduit qu'à la mer Noire, mer fermée et dont les productions ne peuvent être, à aucun point de vue, comparées à celles de l'Orient. Le port de Liverpool reçoit et expédie un pareil nombre de tonnes, et celui de Marseille seul en présente 4 millions. Et l'on pourrait trouver exagéré le nombre de 7 millions de tonnes auquel nous estimons le transit futur du canal de Suez ? Certes, pour le présent, nous croyons être dans la vérité, mais, pour l'avenir, il nous apparaît clairement que ce chiffre s'augmentera certainement de moitié, et cela avant une période de dix ans.

époque de l'achèvement définitif du canal maritime
de Suez, nous devons augmenter ce mouvement de
5 dixièmes. Pour que la progression fut absolument
calculée, il faudrait totaliser chaque augmentation
annuelle, mais nous négligerons cette plus-value
pour réserver une part à l'imprévu et afin de pouvoir considérer nos chiffres comme un minimum.

Il résulte des calculs faits, qu'en 1870 le mouvement maritime et commercial entre l'Europe, l'Asie
et l'Amérique, en 1870, doit s'établir ainsi qu'il
suit :

Pour la France. . . . .   664,698 tonneaux.

Pour l'Angleterre. . . .   5,182,539   —

Pour la Belgique   84,000   —

Pour la Hollande   1,200,000   —

Pour Brême   90,000   —

Pour Hambourg   82,500   —

Pour l'Espagne.   30,000   —

Pour l'Allemagne, l'Ita-
lie, la Prusse et les autres
pays   292,500   —

Pour les États-Unis (ports
sur l'Atlantique)   900,000   —

Pour les approvisionne-
ments militaires anglais et
français . . . .   300,000 tonneaux.

Total du mouvement
commercial, en tonnage de
jauge officielle pour 1870.   8,826,237 tonneaux.
Soit en tonnage effectif . 11,032,796 tonneaux.

Telle est la base principale des produits sur lesquels les actionnaires de la Compagnie du canal de
Suez doivent compter.

Mais il est un autre élément de produit de
même nature, qu'il est important de ne pas négliger.

L'article 17 de l'acte de concession au nom duquel les actionnaires se sont réunis pour fournir
à M. Ferd. de Lesseps les moyens de creuser
le canal de Suez, est ainsi conçu :

« Article 17. Pour indemniser la Compagnie
des dépenses de construction, d'entretien et d'exploitation qui sont mises à sa charge par les pré-
entes, nous l'autorisons, dès à présent et pendant

toute la durée de sa jouissance, telle qu'a été dé-
terminée par les paragraphes 1 et 3 de l'article
précédent, à établir et percevoir, pour le passage
dans les canaux et les ports en dépendant, des
droits de navigation, *de pilotage, de remorquage,
de halage ou de stationnement*, suivant les tarifs
qu'elle pourra modifier à toute époque, sous la
condition expresse :

« 1° De percevoir ces droits, sans aucune
exception ni faveur, sur tous les navires, dans des
conditions identiques ;

« 2° De publier les tarifs trois mois avant la
mise en vigueur, dans les capitales et les principaux ports de commerce des pays intéressés ;

« 3° De ne pas excéder, pour le *droit spécial*
de navigation, le chiffre maximum de **10 francs**
par tonneau de capacité des navires **et par tête
de passager.** »

Il est donc très-important de rechercher le
nombre minimum de voyageurs qui traverseront
l'Isthme dès que le canal sera ouvert à la grande
navigation, c'est-à-dire à la fin de 1869.

Ainsi que nous l'avons fait pour le passage des

marchandises, nous avons divisé nos recherches en trois parties :

1° Mouvement actuel des voyageurs traversant l'Égypte par le chemin de fer ;

2° Mouvement actuel des voyageurs par le cap de Bonne-Espérance ;

3° Progression normale de ce double mouvement.

Nous avons trouvé la solution exacte du premier problème dans un ouvrage remarquable, publié à propos de l'Exposition égyptienne à Paris, par M. Charles Edmond, commissaire général de l'Exposition vice-royale d'Égypte.

Dans la partie de ce travail qui est relative à la population de l'Égypte, l'auteur s'exprime ainsi :

« Pendant l'année 1855, voici quel était le nombre de voyageurs arrivés dans les ports d'Alexandrie, Suez, Damiette et Port-Saïd, *abstraction faite* des passagers militaires :

1° Alexandrie, 79,832, dont 74,990 pour l'Égypte *et 4,842 en transit.*

2° Suez, 9,881, dont 2,188 pour l'Égypte, et 7,963 en transit.

Plus, 18,428 pèlerins pour la Mecque.

3° Damiette, 746;

4° Port-Saïd, 7,080.

En tout, 85,004 voyageurs. »

Plus loin, dans la partie du volume consacrée *aux transports*, l'auteur s'exprime ainsi :

« Pendant l'année 1865, le nombre total des voyageurs civils, *en transit*, a été ainsi qu'il a été expliqué sous la rubrique : *Population* de.   12,535

Mais il convient d'y ajouter :

1° Un nombre de.   10,655

militaires anglais ou français débarqués en transit dans les quatre ports d'Alexandrie, Suez, Damiette et Port-Saïd.

2° Un nombre de   18,428

pèlerins ayant transité à travers l'Égypte, à l'occasion des fêtes de l'Islamisme.

Ce qui donne un total de. . . .   41,618

voyageurs étrangers transportés à l'intérieur.

L'émigration nous fournit les chiffres nécessaires à la solution de la seconde partie du problème :

En 1865, l'émigration partie de l'Angleterre (Anglais, Gallois, Écossais, Irlandais, Allemands, Norwégiens, Danois et Suédois), est pour l'Australie, par le Cap, de   37,283

Pour l'Indo-Chine . .   1,267

Pour la Chine   2,873

Pour le Bengale . . .   7,154

Émigration partie des autres ports d'Europe et d'Amérique par le Cap .   9,000

Retour d'émigrants par le Cap   2,000

                                59,577   ci : 59,577

Total du nombre des voyageurs qui se sont rendus d'Europe et d'A-

mérique, en Asie, par l'Égypte
et par le Cap de Bonne-Espé-
rance, en 1865.   101,195

       Progression de 1865 à 1870. .   50,592

                    Total.   151,787

Chaque voyageur passant par le
canal devant payer à la Compagnie,
suivant l'acte de concession, un droit
de passage égal au droit de passage
d'une tonne, soit 10 francs, le
nombre des voyageurs ci-dessus
indiqué doit se traduire en tonnage,
soit . . . .   151,787 t.

Le mouvement total maritime et
commercial, des marchandises et
des passagers, entre les ports d'Europe, d'Amérique et d'Asie que va
rapprocher le canal de Suez, sera
donc, en 1870, de. . . . . 11,184,583 t.

Il est intéressant de calculer que, sans tenir aucun compte :

1° De la valeur des terrains que possède la Com-

pagnie du canal de Suez, le long du canal maritime, soit 10,264 hectares ;

2° Des produits des droits de pilotage, de remorquage, de halage et de stationnement que la
compagnie peut appliquer par tarifs spéciaux, con-
formément à l'art 17 de sa concession ;

3° De la valeur du matériel qui aura servi à
creuser le canal et qui a coûté 60 millions de francs
environ ;

4° De l'augmentation extraordinaire du mouvement commercial que doit produire l'ouverture
d'une pareille voie, rendant à la vie commerciale,
aux échanges, l'Arabie, l'Abyssinie, la Perse et la
Côte Orientale d'Afrique ;

La moitié seulement du tonnage total devant passer par le canal vaudra à la Compagnie une recette
annuelle de. . . . .   55,240,610 fr.

Les deux tiers de ce tonnage
donneraient une recette de. . .   73,720,880

La recette du tonnage total
s'élèverait à la somme de. . . .   110,581,330 fr.

Tout en nous réjouissant de ce résultat chiffré

qui permet à ceux qui, par leur patriotique persévérance, ont soutenu M. Ferd. de Lesseps dans sa
longue lutte, une récompense digne de leur dévouement éclairé, nous n'oublions pas que le but
de notre étude n'a pas été seulement de rechercher
et faire connaître, aussi exactement qu'il était possible, ce qu'est l'avenir commercial du canal maritime de Suez :

Nous avons voulu, surtout, montrer cet avenir
aux marins et aux armateurs français, afin qu'ils
préparent et assurent la prépondérance de la marine
marchande française dans cette « révolution maritime » que va produire le percement de l'Isthme
à la fin de 1869.

Mᵉ PAGNIE UNIVERSELLE
DE
CANAL MARITIME
DE
SUEZ

CARTE GÉNÉRALE
DE
L'ISTHME
1869

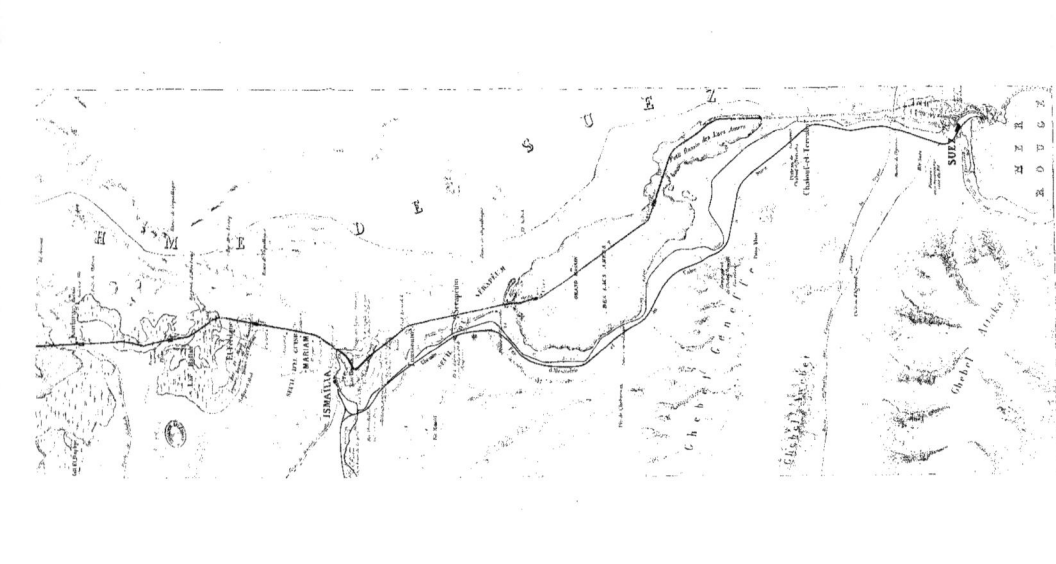

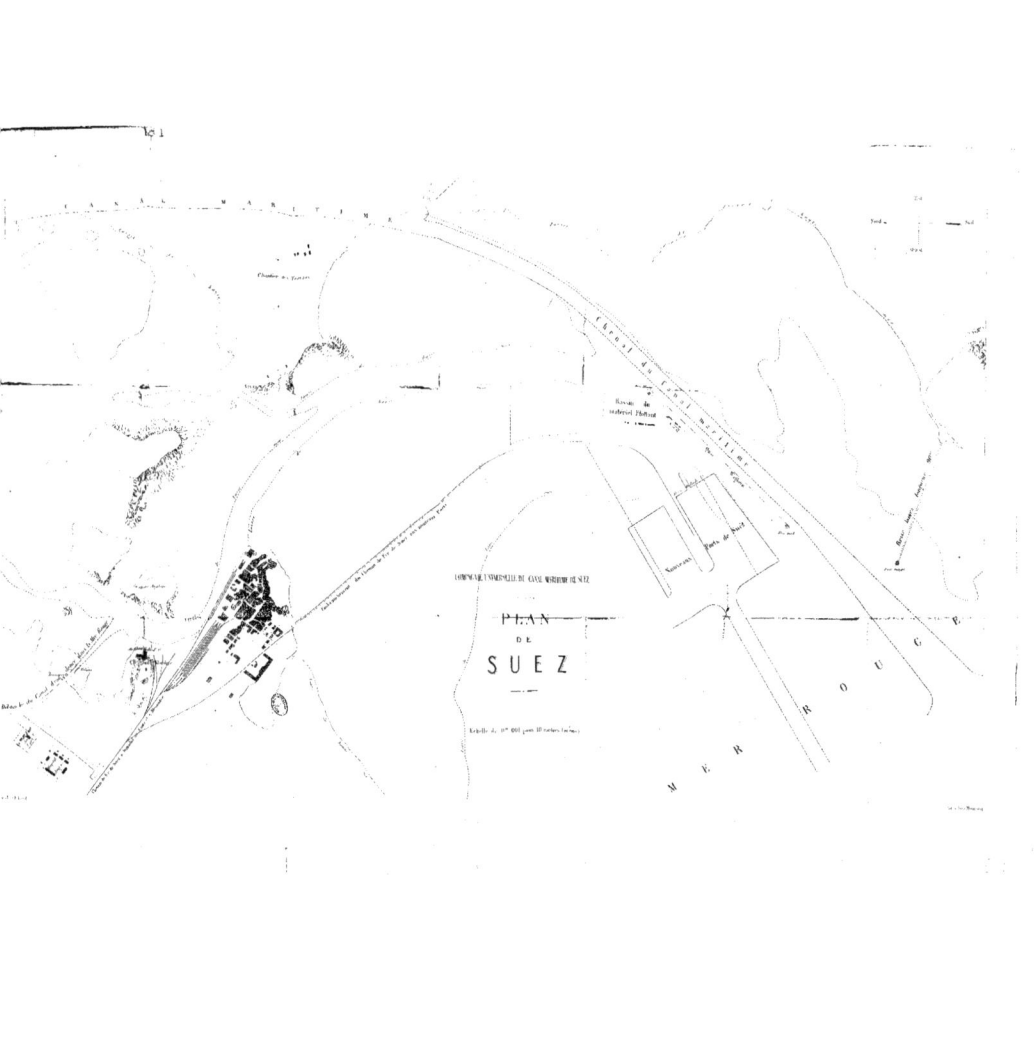

COMPAGNIE UNIVERSELLE DU CANAL MARITIME DE SUEZ

PLAN
DE
SUEZ

Échelle de 1er 000 pour 10 mètres terrain.

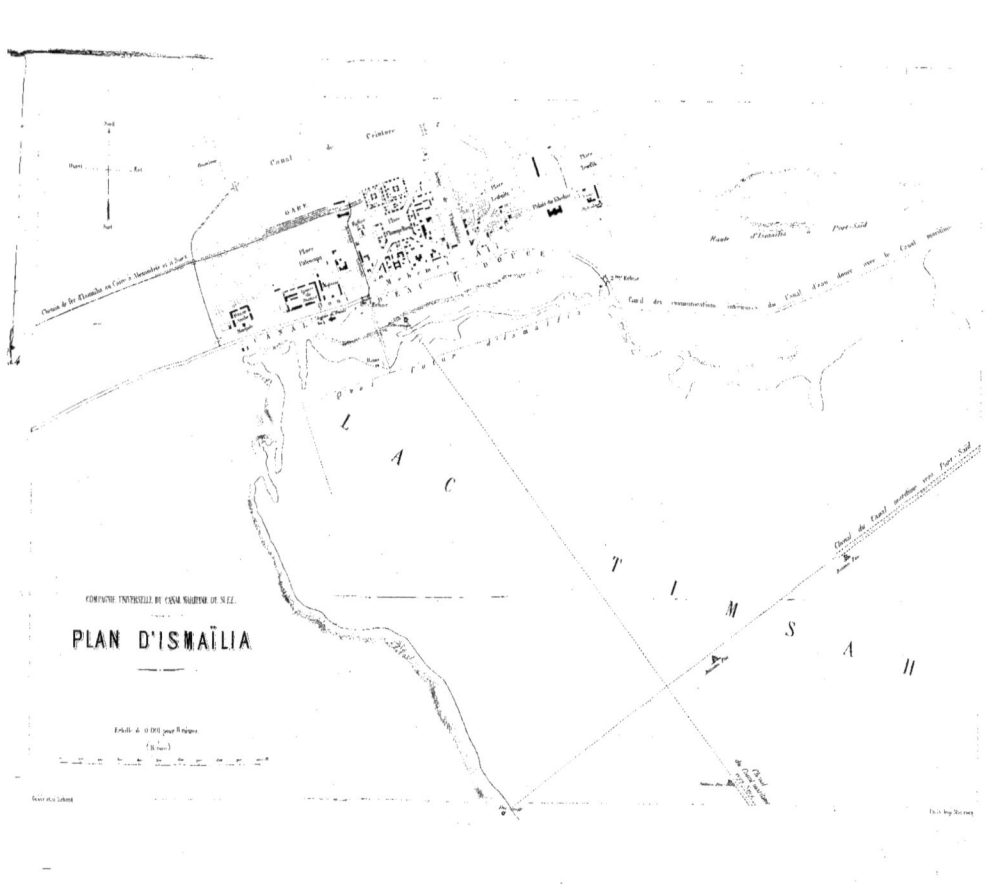

COMPAGNIE UNIVERSELLE DU CANAL MARITIME DE SUEZ

PLAN D'ISMAÏLIA

Échelle de 0.001 pour 8 mètres

(8 lines)

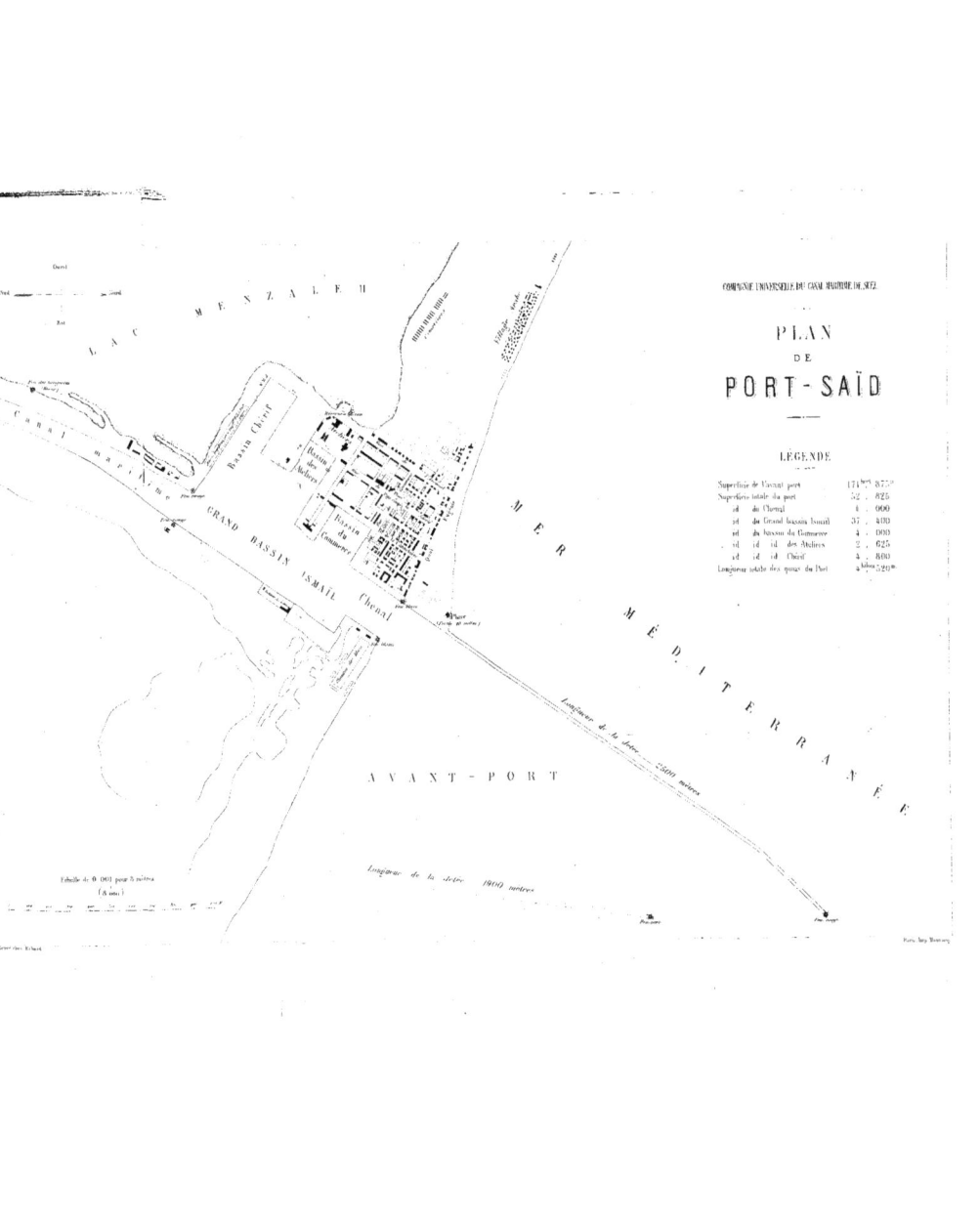

PLAN
DE
PORT-SAÏD

LÉGENDE

Superficie de l'avant-port		174 h. 875
Superficie totale du port		52 . 825
id. du Chenal		4 . 000
id. du Grand bassin Ismaïl		37 . 400
id. du bassin du Commerce		4 . 000
id. id. id. des Ateliers		2 . 625
id. id. id. Chérif		4 . 800
Longueur totale des quais du Port		5.240 m.

(a)

EFFECTIF COMPARÉ

DE LA MARINE MARCHANDE DES PRINCIPAUX PAYS EN 1860

(1865 pour la France et l'Angleterre).

PAYS.	NAVIRES A VOILES.		NAVIRES A VAPEUR.		EFFECTIF TOTAL.		TONNAGE MOYEN.
	Navires	Tonneaux.	Navir.	Ton.	Navires	Tonneaux.	
Angleterre.....	25.663	4.204.360	2.000	454.327	27.663	4.658.687	168
(1865).	26.069	4.936.776	2.718	823.533	28.787	5.760.309	200
France........	14.608	928.099	314	68.025	14.922	996.124	67
(1865).	14.874	899.756	385	108.328	15.259	1.008.084	66
Belgique......	108	28.857	8	4.254	116	33.111	285
Pays-Bas......	2.319	581.899	42	6.873	2.361	588.772	249
Suède (1858)...	»	»	»	»	3.300	375.000	114
Norwége (1855)	»	»	»	»	»	552.600	»
Danemark.....	»	»	»	»	2.683	173.318	65
Russie (1852)..	»	»	»	»	1.416	172.605	122
Allemagne.....	»	»	»	»	5.720	1.031.128	180
Autriche......	»	»	»	»	3.429	326.527	95
Espagne (1855).	»	»	»	»	13.029	361.384	28
États - Sardes (1859).......	»	»	»	»	2.880	222.524	77
États - Romains (1856).......	»	»	»	»	1.842	41.360	23
Grèce.........	»	»	»	»	3.984	274.280	69
États-Unis.....	»	4.485.931	»	867.937	»	5.353.868	»

(b)

ACCROISSEMENT PROPORTIONNEL

DE L'EFFECTIF DE LA MARINE MARCHANDE DES PRINCIPAUX PAYS.

PAYS.	AUGMENTATION en 1838 sur 1828		AUGMENTATION en 1848 sur 1838		AUGMENTATION en 1858 sur 1848	
	Tonneaux.	p. %	Tonneaux.	p. %	Tonneaux.	p. %
France............	»	»	3,433	5 %	366,546	53 %
Empire britannique, y compris les possessions anglaises.	372,410	14 %	1,161,559	40 %	1,557,463	38 %
États Unis, y compris la navigation des lacs et des fleuves...........	254,248	14 %	1,158,402	58 %	4,895,767	60 %
Hollande	Augmentation sur 1850 :				225,182	56 %
Norwége...........	Augmentation en 1857 sur 1847 :				327,116	106 %

(e)

ACCROISSEMENT COMPARÉ

DE L'EFFECTIF DES PRINCIPALES MARINES MARCHANDES : 1840-1850-1860.

(1865 pour la France et l'Angleterre).

PAYS.	EFFECTIF EN 1840.		EFFECTIF EN 1850.			EFFECTIF EN 1860.		
	Navires.	Tonneaux.	Navires.	Tonneaux.	Proportion de l'accrois. du tonnage en 10 ans.	Navires.	Tonneaux.	Proportion de l'accrois. du tonnage en 20 ans.
France..........	15,600	662,500	14,354	688,430	4 °/° (1865)	14,922	996,124	50 °/°
Angleterre (non compris ses colonies)...........	22,654	2,768,262	25,984	3,565,133	29 °/° (1865)	13,259 27,663 28,787	1,008,084 4,658,687 5,760,309	68 °/°
États-Unis........	» (1843)	2,180,764	» (1848)	2,726,152	25 °/° (8 ans)	»	5,353,868	146 °/° (17 ans)
Pays-Bas..........	1,785 (1839)	361,156	2,395 (1849)	449,332	24 °/° (7 ans)	2,361	588,772	63 °/°
Autriche..........	5,756 (1842)	213,682	6,162	278,668	» (9 ans)	420	326,527 a	»
Prusse...........	833 (1842)	222,000	881	260,000 b	17 °/° (8 ans)	1,366 (1862)	352,556	59 °/° (18 ans)
Hambourg..........	224 (1842)	53,562	326	63,340	18 °/° (8 ans)	486	189,888	234 °/° (18 ans)
Brême............	215 (1842)	63,052	219 (1848)	89,300	41 °/° (7 ans)	257	164,750	461 °/° (17 ans)
Danemark..........	1,633 (1841)	73,830	2,017	87,565	49 °/° (7 ans)	2,683	173,318	135 °/°

a Non compris le tonnage de 95 navires à vapeur du Danube.
b Approximatif.

(d)

NAVIGATION INTERNATIONALE

(Entrées et sorties réunies)

NAVIRES TANT CHARGÉS QUE SUR LEST : 1849 A 1860.

(1865 pour la France et l'Angleterre).

Tonnage.

ANNÉES.	Angleterre	États-Unis	France	Pays-Bas	Norwége	Prusse
1849	14,004,388	8,798,269	4,149,075	2,172,148	1,608,887	1,636,552
1850	14,503,064	8,709,641	4,610,719	2,236,435	1,729,554	2,090,358
1851	15,980,198	10,123,494	4,987,663	2,380,892	1,829,469	2,233,326
1852	16,130,149	10,571,045	5,341,272	2,567,153	1,928,026	1,877,954
1853	18,390,210	12,347,522	5,873,956	2,366,255	1,947,582	2,450,412
1854	18,669,087	11,903,533	6,049,596	2,528,401	2,119,015	2,727,330
1855	18,489,470	12,124,640	7,091,153	2,828,213	2,081,356	2,878,514
1856	21,589,049	13,872,726	8,534,515	3,044,387	2,304,744	2,712,166
1857	23,178,792	14,257,137	8,692,235	3,298,599	2,399,775	3,149,006
1858	22,309,981	13,407,837	8,171,265	3,384,449	»	»
1859	22,904,259	15,721,790	8,693,825	»	»	»
1860	24,689,292	17,063,125	8,456,736	»	»	»
1865	28,897,092	»	10,510,000	»	»	»

(c)

ACCROISSEMENT DÉCENNAL COMPARÉ

DE LA NAVIGATION INTERNATIONALE *a*

(Entrées et sorties réunies. — Navires tant chargés que sur les!).

	ANGLETERRE	ÉTATS-UNIS	FRANCE
Tonnage général en 1849........	14,004,388	8,798,269	4,149,075
Tonnage général en 1858........	22,309,981	13,407,837	8,171,265
Accroissement en 1858 sur 1849.	8,305,593	4,609,568	4,022,190
Proportion de l'accroissement...	59 %	56 %	96 %
Tonnage général en 1859........	22,904,259	15,721,790	8,693,825
Tonnage général en 1860........	24,689,292	17,065,125	8,456,736
Tonnage général en 1865..........	28,897,092		10,510,000

a D'après les documents spéciaux du *Board of trade.*

(f)

COMMERCE GÉNÉRAL COMPARÉ

DES PRINCIPAUX PAYS (PAR TERRE ET PAR MER), 1840-1860.

(1865 pour la France et l'Angleterre).

(Valeurs exprimées en millions de francs).

PAYS		IMPORTA-TION.	EXPORTA-T.ON.	TOTAUX.	Accroissement proportionnel de la dernière année sur la première.
		millions.	millions.	millions.	
France........	1840......	1,052	1,011	2,063	
	1860......	2,392	2,949	5,341	159 %
	1865........	3,528	4,086	7,613	
Angleterre.....	1840......	1,686	2,912	4,598	
	1860	5,263	4,113	9,376	a 102 %
	1865........	6,778	5,471	12,249	
États-Unis......	1840-41...	691	658	1,349	202 %
	1859-60...	1,938	2,140	4,078	
Belgique........	1840......	246	484	630	177 %
	1860......	854	893	1,747	
Autriche......	1840......	276	270	546	b 154 %
	1859......	670	719	1,389	
Pays-Bas........	1841......	396	322	718	c
	1860......	959	824	1,783	
Russie.........	1841......	360	376	736	d 73 %
	1859......	630	650	1,280	

a Il faudrait augmenter de 7 % environ, car en 1834 on a substitué, en Angleterre, la valeur *officielle* à la valeur *de convention* qui datait du XVIIᵉ siècle.
b Non compris le transit, le mouvement d'entrepôt des ports francs et tout le commerce de Dalmatie.
c Commerce d'Amsterdam et de Rotterdam seulement.
d Non compris le commerce extérieur de la Pologne et de la Finlande.

(g)

ACCROISSEMENT COMPARÉ

DU NOMBRE DES NAVIRES CONSTRUITS OU ENREGISTRÉS DE
1841 A 1860.

(1865 *pour la France et l'Angleterre*).

ANNÉES.	FRANCE.		EMPIRE BRITANNIQUE.		ÉTATS-UNIS.	
	Navires.	Tonneaux.	Navires.	Tonneaux.	Navires.	Tonneaux.
1841	1886	103,880	1860	301,106	762	118,894
1842	977	43,586	1529	226,937	1021	129,084
1843	1168	52,032	1122	125,461	482	63,618
1844	1004	49,250	1156	166,733	766	103,537
1845	487	34,427	1528	205,615	1038	146,018
1846	1132	68,993	1586	240,956	1420	188,204
1847	1150	83,577	1737	295,237	1598	243,733
1848	861	60,036	1533	227,928	1851	318,076
1849	879	47,317	1462	245,130	1547	256,577
1850	988	64,237	1403	258,648	1360	272,248
1851	1177	71,320	1352	290,753	1367	298,203
1852	1132	83,930	1289	306,371	1444	351,493
1853	1284	106,109	1395	348,484	1710	425,572
1854	1046	126,300	1554	385,214	1774	535,616
1855	1141	147,486	1842	488,068	2034	583,450
1856	1660	204,653	1844	420,198	1703	469,393
1857	1742	143,119	1999	418,412	1434	373,804
1858	1239	88,364	1633	307,408	1225	242,286
1859	873	58,810	1544	329,277	870	156,602
1860	1194	64,256	1691	316,386	1071	212,892
1865	»	»	1304	406,000	»	»

(h)

ACCROISSEMENT COMPARÉ

DU TONNAGE DE LA MARINE DES PRINCIPAUX PAYS : 1815 A 1860.

(1865 pour la France et l'Angleterre).

ANNÉES.	EMPIRE BRITANNIQUE	ÉTATS-UNIS.	FRANCE.	HOLLANDE.	NORWÉGE.
	tonneaux.	tonneaux.	tonneaux.	tonneaux.	tonneaux.
1815	2,684,276	1,368,127	»	»	»
1816	2,783,933	1,372,218	»	»	»
1817	2,664,986	1,399,911	»	»	»
1818	2,674,468	1,225,184	»	»	»
1819	2,666,396	1,260,751	»	»	»
1820	2,648,593	1,280,166	»	»	»
1821	2,560,203	1,298,958	»	»	»
1822	2,519,044	1,324,699	»	»	»
1823	2,506,760	1,336,565	»	»	»
1824	2,559,587	1,389,163	»	»	»
1825	2,553,682	1,423,110	»	»	»
1826	2,635,644	1,534,190	»	»	»
1827	2,460,500	1,620,607	»	»	»
1828	2,518,191	1,744,391	»	»	»
1829	2,517,000	1,260,797	»	»	»
1830	2,531,819	1,191,776	»	»	»
1831	2,581,964	1,267,846	»	»	»
1832	2,618,068	1,439,450	»	»	»
1833	2,634,577	1,606,149	»	»	»
1834	2,716,400	1,758,907	»	»	»
1835	2,783,764	1,824,940	»	»	»
1836	2,792,646	1,882,102	»	»	»
1837	2,791,018	1,896,685	696,978	»	»
1838	2,890,601	1,995,639	679,863	»	»
1839	2,899,444	2,096,478	673,308	»	»
1840	3,127,684	2,180,764	662,500	»	»
1841	3,512,480	2,130,744	590,2 2	»	»
1842	3,619,150	2,092,390	589,517	»	»
1843	3,588,387	2,158,602	593,707	»	»
1844	3,637,231	2,280,095	604,637	»	»
1845	3,714,061	2,417,003	611,492	»	»
1846	3,887,112	2,562,084	633,339	»	294,208
1847	3,932,524	2,839,045	670,260	»	303,863
1848	4,052,160	3,154,041	683,298	»	323,030
1849	4,144,115	3,334,015	680,565	»	337,030
1850	4,232,962	3,535,454	688,153	396,124	337,058
1851	4,332,085	3,772,439	704,036	421,506	298,373
1852	4,424,362	4,138,440	721,384	448,864	368,632
1853	4,764,422	4,407,010	762,415	479,202	408,209
1854	5,115,846	4,802,902	819,762	434,872	434,872
1855	5,250,553	5,212,001	872,156	551,854	478,686
1856	5,312,436	4,871,652	998,996	593,384	515,939
1857	5,531,887	4,940,843	1,032,535	621,102	581,889
1858	5,609,623	5,049,808	1,049,844	621,306	632,484
1859	5,660,402	5,145,037	1,025,942	»	»
1860	5,710,968	5,353,868	995,124	»	»
1865	5,760,309	»	1,088,084	»	»

(i)

NAVIGATION GÉNÉRALE COMPARÉE

DES PRINCIPAUX PAYS (NAVIRES CHARGÉS), 1840-1860.

(1865 pour la France et l'Angleterre).

PAYS.		ENTRÉES.	SORTIES.	TOTAUX.	Accroissement proportionnel de la dernière année sur la première.
		tonneaux.	tonneaux.	tonneaux.	
France........	1840...	1,890,000	1,847,000	3,737,000	
	1860...	4,012,000	2,844,000	6,856,000	83 %
	1865....	4,987.000	3,593,000	8.580 000	
Angleterre....	1840...	4,658,000	4,782,000	9,440,000	
	1860...	12,173,000	12,517,000	26,690,000	161 %
	1865....	12 164,000	12,817,000	24.981.000	
États-Unis....	1840-41	2,368,000	2,371,000	4,739,000	
	1859-60	8,275,000	8,790,000	17,065,000	266 %
Belgique......	1840...	237,000	236,000	473,000	
	1860...	667,000	694,000	1,361,000	188 %
Autriche......	1840 ..	935,000	968,000	1,903,000	
	1859...	3,239,000	3,232,000	6,471,000	240 %
Pays-Bas......	1841...	893,000	911,000	1,805,000	
	1860...	1,658,000	1,737,000	3,395,000	20 %
Russie........	1841...	863,000	877,000	1,740,000	
	1859...	2,122,000	2,087,000	4,209,000	141 %

(j)

TONNAGE MOYEN COMPARÉ

DES MARINES DES PRINCIPAUX PAYS (1840-1850-1860).

PAYS.	1840 TONNAGE MOYEN par navire.	1850 TONNAGE MOYEN par navire.	1860 TONNAGE MOYEN par navire.
France..............	42 ton.	47 ton.	56 ton.
Angleterre, non compris ses colonies.........	122 1/2	137	163
Pays-Bas.............	202	187	249
Prusse...............	266	286	258
Hambourg............	242	194	390
Brême...............	297	408	642
Danemark............	45	43	65

(K)

ACCROISSEMENT COMPARÉ

DE LA NAVIGATION A VOILES ET A VAPEUR, DANS LES PRINCIPAUX PAYS (1840-1850-1860).

(1865 pour la France et l'Angleterre.)

PAYS.	1840		1850			1860		
	Navires.	Tonneaux.	Navires.	Tonneaux.	Proportion de l'accroissem. du tonnage en 10 ans.	Navires.	Tonneaux.	Proportion de l'accroissem. du tonnage en 20 ans.
FRANCE.								
Voiliers............	45.511	652,965	44,228	674,205	3 %	44,608	928,090	42 %
Vapeurs............	89	9,535	426	13,925	46 %	314	68,025	613 %
Effectif total......	45,600	662,500	44,354	688,430	4 %	44,922	996,124	50 %
				1865	Voiliers. Vapeurs.	14,474	899,756	
						385	108,328	
ANGLETERRE.								
Voiliers............	21,883	2,680,334	24,799	3,396,791	27 %	25,663	4,204,360	59 %
Vapeurs............	771	87,928	4,185	468,342	91 %	2,000	454,327	417 %
Effectif total..	22,654	2,768,262	25,984	3,565,133	29 %	27,663	4,658,687	68 %
				1865	Voiliers. Vapeurs.	26,069 [1859]	4,936,776	
						2,718	823,633	
AUTRICHE.								
Voiliers............	5,723	202,834	6,083 [1849]	259,583	28 %	3,275	305,189	50 %
(Lloyd). Vapeurs....	40	2,858	31	42,055	322 %	59	21,338	637 %

DE LA MARINE MARCHANDE.

(I)

COMPARAISON DE LA CONSTRUCTION

OU DE L'ENREGISTREMENT DES VOILIERS ET DES VAPEURS DANS
. LE ROYAUME-UNI : 1841 A 1860 (1865).

ANNÉES.	BATIMENTS A VOILES.		BATIMENTS A VAPEUR.	
	Navires.	Tonneaux.	Navires.	Tonneaux.
1841	1,444	156,946	48	11,363
1842	912	117,361	59	13,914
1843	690	79,244	46	6,129
1844	666	90,763	65	6,113
1845	825	114,0 5	65	10,834
1846	764	111,542	77	15,966
1847	878	133,734	103	6,170
1848	764	110,606	114	15,334
1849	703	108,768	68	12,498
1850	621	119,111	68	14,584
1851	594	126,914	78	22,723
1852	608	136,749	104	30,742
1853	645	154,9 6	153	48,215
1854	628	132,687	174	64,255
1855	865	242,182	233	81.018
1856	921	187,005	229	57,573
1857	1,050	197,554	228	52,918
1858	847	154,930	153	53,150
1859	789	147,967	150	38,003
1860	818	158,172	198	53,796
Moyenne....	786	139,061	120	31,267
1865	922	236,000	382	180,000

(**m**)

MOUVEMENT

DE LA NAVIGATION A VAPEUR DU ROYAUME-UNI.

Tonnage des vapeurs, chargés et sur lest, entrés ou sortis du Royaume-Uni de 1848 à 1860 (1865).

ANNÉES.	ANGLAIS.	AMÉRICAINS	FRANÇAIS	HOLLAND.	DIVERS.	TOTAUX.
	tonneaux.	tonneaux.	tonneaux.	tonneaux.	tonneaux.	tonneaux.
1848	1,340,151	29,752	83,257	19,724	122,496	1,597,380
1849	1,428,807	27,850	89,829	32,173	158,333	1,736,992
1850	1,802,955	55,636	98,236	50,546	202,454	2,209,847
1851	1,895,076	98,033	298	63,299	170,064	2,226,770
1852	1,980,473	94,879	1,253	73,169	179,999	2,329,773
1853	2,266,850	98,017	3,052	77,000	141,466	2,586,385
1854	2,662,191	95,242	11,839	90,087	160,653	3,020,012
1855	2,532,977	107,270	6,952	111,512	154,030	2,912,741
1856	3,290,619	102,663	26,875	146,431	329,587	3,896,175
1857	3,888,247	103,605	43,492	164,289	467,739	4,667,372
1858	3,701,675	44,002	42,894	162,862	534,219	4,505,652
1859	3,930,127	5,720	24,371	139,095	614,360	4,713,673
1860	4,186,620	8,809	44,025	123,242	604,777	4,967,473
1865	»	»	»	»	»	5,760,309

Les bâtiments de transport pour troupes et provisions du gouvernement ne sont pas compris dans les relevés du Royaume-Uni.

(n)

EFFECTIF DÉTAILLÉ

DE LA MARINE MARCHANDE DE LA FRANCE : 1841 A 1860 (1860 A 1865).

ANNÉES.	NAVIRES.											TOTAUX.	
	de 800 ton. et au-des.	de 700 à 800 ton.	de 600 à 700 ton.	de 500 à 600 ton.	de 400 à 500 ton.	de 300 à 400 ton.	de 200 à 300 ton.	de 100 à 200 ton.	de 60 à 100 ton.	de 30 à 60 ton.	de 30 ton. et au-dessous.	Navires.	Tonneaux.
1841	»	*	3	4	32	175	444	1,215	1,425	4,358	8,727	43,383	592,266
1842	»	*	2	3	31	179	436	1,196	1,436	4,285	8,841	43,409	589,517
1843	»	*	2	4	31	185	433	1,237	1,518	4,390	8,836	43,656	599,707
1844	»	*	4	6	33	179	433	1,273	1,499	4,353	8,900	43,679	604,637
1845	»	*	=	6	33	185	426	1,269	1,548	4,535	8,823	44,046	611,492
1846	»	*	2	7	32	196	463	1,298	1,594	4,575	8,879	44,321	633,359
1847	»	2	2	12	42	203	499	1,362	1,661	4,637	8,901	44,333	670,260
1848	»	2	3	14	50	202	500	1,408	1,706	4,616	8,852	44,364	683,298
1849	»	3	2	14	53	204	501	1,379	1,696	4,602	8,890	44,354	680,563
1850	»	3	2	14	58	213	520	1,348	1,742	4,620	8,863	44,557	688,130
1851	»	4	4	23	67	208	531	1,371	1,740	4,647	8,980	44,607	704,429
1852	»	7	4	29	70	214	534	1,399	1,777	4,673	8,961	44,719	721,427
1853	»	9	9	42	83	234	591	1,439	1,764	4,669	8,915	44,396	762,705
1854	»	13	21	63	115	237	633	1,444	1,699	4,595	8,511	44,248	819,762
1855	»	19	28	106	159	280	661	1,520	1,701	4,538	8,347	44,724	872,156
1856	30	29	46	122	216	330	730	1,572	1,726	4,531	8,515	45,175	998,996
1857	28	54	47	120	242	335	756	1,535	1,696	4,526	8,781	45,187	1,052,535
1858	27	33	49	117	249	332	763	1,483	1,681	4,510	8,854	45,032	1,049,844
1859	29	35	48	112	254	322	721	1,421	1,662	4,513	8,837	44,922	1,025,942
1860	31	33	49	118	243	304	677				8,879		996,424
1861	35	31	48	116	243	294	684	1,364	1,640	1,551	9,091	15,065	983,996
1862	43	30	44	113	233	300	645	1,345	1,633	1,587	9,164	15,132	982,671
1863	50	30	46	119	253	305	626	1,300	1,585	1,607	9,184	15,092	985,235
1864		31	50	116	256	296	639	1,286	1,541	1,586	9,330	15,184	998,619
1865	58	37	53		253	295	636	1,274	1,437	1,457	9,646	15,259	1,008,084

(o)

MOUVEMENT GÉNÉRAL

DU CABOTAGE EN FRANCE (ENTRÉES OU SORTIES),
1840 A 1860 (1865).

ANNÉES.	CHARGÉ.		LEST.		TOTAUX.	
	Navires.	Tonneaux.	Navires.	Tonneaux.	Navires.	Tonneaux.
1840	85,978	2,315,000	26,396	730,000	112,374	3,045,000
1841	79,483	2,424,000	31,768	705,000	111,251	3,129,000
1842	71,787	2,472,000	23,475	708,000	95,262	3,180,000
1843	73,741	2,595,000	22,160	712,000	95,901	3,307,000
1844	75,192	2,596,000	20,811	737,000	96,003	3,333,000
1845	74,227	2,660,000	21,047	730,000	95,274	3,390,000
1846	76,479	2,859,000	23,604	783,000	100,083	3,642,000
1847	79,023	2,919,000	24,916	832,000	103,939	3,751,000
1848	64,027	2,441,000	20,567	705,000	84,594	3,146,000
1849	70,230	2,483,000	22,167	749,000	92,397	3,232,000
1850	71,793	2,448,000	20,556	661,000	92,249	3,109,000
1851	76,010	2,675,000	22,280	708,000	98,290	3,373,000
1852	76,051	2,807,000	21,087	711,000	97,138	3,518,000
1853	76,478	2,839,000	21,792	697,000	98,270	3,536,000
1854	71,201	2,557,000	21,438	684,000	92,639	3,241,000
1855	70,456	2,654,000	21,617	740,000	92,073	3,394,000
1856	78,429	2,967,000	23,709	755,000	102,138	3,722,000
1857	80,712	3,236,000	26,349	877,000	107,061	4,113,000
1858	80,643	3,056,000	21,871	736,000	102,514	3,792,000
1859	75,846	3,048,000	21,627	763,000	97,473	3,811,000
1860	74,263	2,918,000	23,344	753,000	97,607	3,671,000 a
1865	71,782	2,888,000	19,972	730,000	91,704	3.618,000

a Il faut doubler ces chiffres pour avoir le mouvement d'entrée et de sortie réunis.

DE LA MARINE MARCHANDE.

(P)

MOUVEMENT GÉNÉRAL

DE LA NAVIGATION DE LA FRANCE (TANT CHARGÉS QUE SUR LEST),
1840 A 1860 (1865).

ANNÉES.	ENTRÉES.	SORTIES.	TOTAUX.
	tonneaux.	tonneaux.	tonneaux.
1840	1,890,000	1,847,000	3,737,000
1841	1,981,000	1,982.000	3,963,000
1842	2,096,000	2,040,000	4,136,000
1843	2,121,000	2,141,C00	4,262,000
1844	2,173,000	2,121,C00	4,294,000
1845	2,329,000	2,332,000	4,661,000
1846	2,696,000	2,594,000	5,290,000
1847	2,924,000	2,861,000	5,785,000
1848	1,976,000	2,033,000	4,009,000
1849	2,093,000	2,056,000	4,149,000
1850	2,284,000	2,327,000	4,611,000
1851	2,445,000	2,543,000	4,988,000
1852	2,663,000	2,708,000	5,341,000
1853	2,916,000	2,958,000	5,874,000
1854	2,949,000	3,101,000	6,050,000
1855	3,555,000	3,536,000	7,091,000
1856	4,252,000	4,283,000	8,535,000
1857	4,289,000	4,403,000	8,792,000
1858	4,020,000	4,151,000	8,171,000
1859	4,278,000	4,416,000	8,694,000
1860	4,165,000	4,291,000	8,456,000
1865	5,228,000	5,282,000	10,510,000

(q)

VALEURS

DU COMMERCE MARITIME DE LA FRANCE (VALEUR RÉELLE),

1847 A 1860 (1865).

ANNÉES.	IMPORTATIONS.	EXPORTATIONS.	TOTAUX.
	francs.	francs.	francs.
1847	922,900,000	796,000,000	1,718,900,000
1848	475,400,000	700,600,000	1,175,000,000
1849	674,100,000	964,800,000	1,638,900,000
1850	735,500,000	1,109,100,000	1,844,900,000
1851	693,500,000	1,179,700,000	1,873,200,000
1852	899,400,000	1,304,300,000	2,203,700,000
1853	1,069,400,000	1,633,500,000	2,702,900,000
1854	1,099,500,000	1,552,400,000	2,651,900,000
1855	1,412,300,000	1,691,200,000	3,103,500,000
1856	1,853,100,000	2,020,600,000	3,873,700,000
1857	1,849,400,000	1,980,600,000	3,830,000,000
1858	1,485,200,000	1,906,800,000	3,885,300,000
1859	1,580,400,000	2,304,900,000	4,119,500,000
1860	1,767,600,000	2,351,900,000	3,885,300,000
1865	2,648,000,000	3,088,000,000	5,730,000,000

(1°)

MOUVEMENT GÉNÉRAL

DE LA NAVIGATION DE LA FRANCE. — NAVIRES CHARGÉS, AVEC
LA PART DES PAVILLONS (ENTRÉES ET SORTIES),
1840 A 1860 (1865).

ANNÉES.	TOTAL du tonnage sous pavillon français.	TOTAL du tonnage sous pavillon étranger.	TOTAL général.	PART PROPORTIONNELLE DES PAVILLONS		
				français.	de la puissance.	tiers.
	tonneaux.	tonneaux.	tonneaux.			
1840	1,210,746	1,684,560	2,895,306	42 °/°	45 1/2 °/°	12 1/2 °/°
1841	1,205,193	1,886,985	3,092,178	39	47 1/2	13 1/2
1842	1,138,476	2,000,975	3,139,451	36	50 1/2	13 1/2
1843	1,204,919	2,041,714	3,246,633	37	50	13
1844	1,256,098	2,031,890	3,287,988	38	49	13
1845	1,397,980	2,174,142	3,571,122	39	50	11
1846	1,534,780	2,390,996	3,924,876	39	48	13
1847	1,589,351	2,707,457	4,276,808	37	45	18
1848	1,520,224	1,325,026	3,145,750	48	44	8
1849	1,596,659	1,720,717	3,317,376	48	44	8
1850	1,625,086	2,110,066	3,735,152	43 1/2	48	8 1/2
1851	1,699,438	2,388,748	4,088,186	41 1/2	51	7 1/2
1852	1,755,736	2,545,873	4,311,609	41	50 1/2	8 1/2
1853	1,862,038	2,743,326	4,605,364	40 1/2	48 1/2	11
1854	1,928,415	2,666,429	4,594,844	42	49	9
1855	2,182,234	3,151,232	5,333,266	41	49	10
1856	2,516,282	3,859,989	6,376,271	40	45	15
1857	2,890,739	3,861,204	6,751,943	43	43	12
1858	2,986,867	3,706,419	6,693,286	44 1/2	45	10 1/2
1859	3,101,476	3,938,490	7,039,966	44	47	9
1860	3,005,146	3,850,896	6,856,042	44	47 1/2	8 1/2
1865	3,631,000	4,949,000	8,580,000			

(s)

MOUVEMENT COMPARÉ

DU CHARGÉ ET DU LEST DANS LA NAVIGATION DE LA FRANCE,
1845 A 1860 (1865).

ANNÉES.	TONNAGE des navires chargés.	TONNAGE des navires sur lest.	TOTAL.	PROPORTION.	
				chargé.	lest.
	tonneaux.	tonneaux.	tonneaux.		
1845	3,572,000	1,089,000	4,661,000	77 %	23 %
1846	3,925,000	1,365,000	5,290,000	74	26
1847	4,296,000	1,487,000	5,783,000	74	26
1848	3,146,000	864,000	4,010,000	78	22
1849	3,317,000	832,000	4,149,000	80	20
1850	3,736,000	875,000	4,611,000	81	19
1851	4,088,000	900,000	4,988,000	82	18.
1852	4,302,000	1,040,000	5,342,000	80 1/2	19 1/2
1853	4,605,000	1,269,000	5,874,000	78	22
1854	4,585,000	1,455,000	6,050,000	76	24
1855	5,333,000	1,758,000	7,091,000	75	25
1856	6,376,000	2,158,000	8,534,000	75	25
1857	6,752,000	1,940,000	8,692,000	77 2/3	22 1/3
1858	6,693,000	1,478,000	8,171,000	82	18
1859	7,040,000	1,654,000	8,694,000	81	19
1860	6,856,000	1,601,000	8,457,000	81	19
1865	8,580,000	1,932,000	10,510,000		

(1)

MOUVEMENT COMPARÉ

DE L'ENTRÉE ET DE LA SORTIE (NAVIRES CHARGÉS) DANS LA
NAVIGATION DE LA FRANCE ET D'AUTRES PAYS,
1840 A 1860 (1865 POUR LA FRANCE).

ANNÉES.	ENTRÉES.	SORTIES.	TOTAUX.
	tonneaux.	tonneaux.	tonneaux.
1840	1,890,000	1,847,000	3,737,000
1845	2,329,000	2,333,000	4,662,000
1850	2,284,000	2,327,000	4,611,000
1855	3,302,000	2,031,000	5,333,000
1860	4,012,000	2,844,000	6,856,000
1865	4,987,000	3,593,000	8,580,000
AUTRES PAYS :			
Angleterre........	12,173,000	12,517,000	24,690,000
États-Unis........	8,275,000	8,790,000	17,065,000
Belgique..........	667,000	694,000	1,361,000
Pays-Bas.........	1,658,000	1,737,000	3,395,000
Russie...........	2,122,000	2,087,000	4,209,000

(**B**)

EFFECTIF

DE LA MARINE MARCHANDE DE LA GRANDE-BRETAGNE
(VOILIERS ET VAPEURS RÉUNIS), 1840 A 1860 (1865).

ANNÉES.	ROYAUME-UNI.		COLONIES.		TOTAUX.	
	Navires.	Tonneaux.	Navires.	Tonneaux.	Navires.	Tonneaux.
1840	22,654	2,768,000	6,308	543,000	28,962	3,311,000
1841	23,461	2,935,000	6,591	577,000	30,052	3,512,000
1842	23,954	3,042,000	6,861	578,000	30,815	3,620,000
1843	23,817	2,990,000	7,066	598,000	30,983	3,588,000
1844	24,016	2,044,000	7,304	593,000	31,320	3,637,000
1845	24,388	3,123,000	7,429	591,000	31,817	3,714,000
1846	24,771	3,200,000	7,728	617,000	32,499	3,817,000
1847	25,200	3,308,000	7,788	645,000	32,988	3,953,000
1848	25,638	3,401,000	8,034	651,000	33,672	4,052,000
1849	25,902	3,486,000	8,188	658,000	34,090	4,144,000
1850	25,984	3,565,000	8,297	668,000	34,281	4,233,000
1851	26,043	3,662,000	8,201	670,000	34,244	4,332,000
1852	26,086	3,759,000	8,316	665,000	34,402	4,424,000
1853	25,609	4,030,000	8,701	734,000	35,310	4,764,000
1854	26,859	4,249,000	9,489	867,000	36,348	5,116,000
1855	25,948	4,349,000	9,744	901,000	35,692	5,250,000
1856	26,177	4,367,000	9,835	945,000	36,012	5,312,000
1857	27,097	4,559,000	9,991	973,000	37,088	5,532,000
1858	25,541	4,658,000	10,210	951,000	37,751	5,610,000
1859	27,602	4,603,000	10,498	997,000	38,200	5,660,000
1860	27,663	4,659,000	10,838	1,052,000	38,501	5,711,000
1865	28,787	5,760,309	12,718	1,583,941	41,505	7,344,250

18

(v)

MOUVEMENT

DU CABOTAGE EN ANGLETERRE (NAVIRES CHARGÉS SEULEMENT),
1840 à 1860 (1865).

ANNÉES.	NAVIRES.	TONNEAUX.	
1840	133,299	10,766,056	a
1841	131,321	10,869,071	
1842	127,840	10,785,450	
1843	131,461	10,822,176	
1844	133,898	10,964,707	
1845	144,908	12,485,854	
1846	141,116	11,985,409	
1847	142,525	12,219,796	
1848	140,441	12,523,872	
1849	133,275	11,967,473	
1850	136,157	12,564,631	
1851	154,870	14,849,648	
1852	150,818	14,933,495	
1853	154,200	15,572,029	Navires tant chargés que sur lest.
1854	150,055	15,462,017	
1855	146,818	14,889,187	
1856	152,689	15,324,308	
1857	152,868	15,919,061	
1858	147,869	15,795,749	
1859	153,249	16,545,157	
1860	155,233	17,090,347	
1865	147,520	18,228,000	

a Entrée, seulement.

(**x**)

NAVIGATION GÉNÉRALE

DE L'ANGLETERRE (NAVIRES TANT CHARGÉS QUE SUR LEST),
1840 A 1860 (1865).

ANNÉES.	PAVILLONS		TOTAUX.	PROPORTION DES PAVILLONS	
	Anglais.	Étrangers.		Anglais.	Étrangers.
	tonneaux.	tonneaux.	tonneaux.		
1840	6,490,485	2,949,182	9,439,667	69	31
1841	6,790,490	2,628,057	9,418,547	72	28
1842	6,669,993	2,457,479	9,127,474	73	27
1843	7,181,179	2,643,383	9,824,562	73	27
1844	7,500,285	2,846,484	10,346,769	73	27
1845	8,546,090	3,531,215	12,077,305	71	29
1846	8,688,148	3,727,438	12,415,586	70	30
1847	9,712,464	4,566,732	14,279,196	68	32
1848	9,289,560	4,017,066	13,306,626	70	30
1849	9,669,638	4,334,750	14,004,388	69	81
1850	9,443,044	5,062,520	14,505,564	65	35
1851	9,820,846	6,159,322	15,980,168	61	39
1852	9,985,969	6,144,180	16,130,149	62	38
1853	10,268,323	8,121,887	18,390,210	56	44
1854	10,744,849	7,924,238	18,669,087	58	42
1855	10,919,732	7,569,738	18,489,470	59	41
1856	12,945,771	8,643,278	21,589,049	60	40
1857	13,694,107	9,485,685	23,178,792	59	41
1858	12,891,405	9,418,576	22,309,981	58	42
1859	13,311,843	9,592,416	22,904,259	58	42
1860	13,914,923	10,774,369	24,689,292	57	43
1865	19,358,955	9,538,137	28,897,092		

DE LA MARINE MARCHANDE.

(y)

MOUVEMENT

DE LA NAVIGATION DU ROYAUME-UNI (NAVIRES CHARGÉS SEULEMENT),
1840 A 1860 (1865).

ANNÉES.	PAVILLONS		TOTAUX.	PROPORTION DES PAVILLONS.	
	Anglais.	Étranger.		Anglais.	Étranger.
1840	5,216,159	2.281,674	7,497,833	69.6	30.4
1841	5,525,429	2,000,156	7,525,585	73.4	26.6
1842	5,415,821	1,930,983	7,346,804	73.7	26.3
1843	5,646,834	2,031,957	7,678,791	73.5	26.5
1844	5,691,680	2,219,720	7,911,400	71.9	28.1
1845	6,617,110	2,745,675	9,322,785	70.9	29.4
1846	6,714,156	2,875,740	9,589.896	70	30
1847	7,444,750	3,365,543	10,810,293	68.9	31.1
1848	7,574,492	3,056,506	10,631,698	71.2	38.8
1849	8,152,557	3,348,620	11,501,177	70.9	29.1
1850	8,039,308	3,981,366	12,020,674	66.9	33.1
1851	8,535,252	4,936,125	13,471,377	63.4	36.6
1852	8,727,136	4,875,614	13,602,750	64.2	35.8
1853	9,064,705	6,316,456	15,381,161	58.9	41.1
1854	9,473,640	6,296,638	15,770,278	60.1	39.9
1855	9,211,008	6,156,124	15,367,132	59.9	40.1
1856	10,970,123	6,932,875	17,902,998	61.3	38 7
1857	11,636,257	7,435,122	19,071,379	61	39
1858	11,114,330	7,645,631	18,759,961	59.2	40.8
1859	11,613,271	7,718,903	19,332,174	60.1	39.9
1860	12,119,454	8,718,464	20,837,918	58	42
1865	17,403,849	7,577,846	24,981,695		

(**z**)

MOUVEMENT COMPARÉ

DU CHARGÉ ET DU LEST, DANS LA NAVIGATION DE LA

GRANDE-BRETAGNE,

1845 A 1860.

ANNÉES.	TONNAGE des navires chargés.	TONNAGE des navires sur lest.	TOTAUX.	PROPORTION P. %.	
				Chargé.	Lest.
1845	9,332,785	2,744,520	12,077,305	77	23
1846	9,529,896	2,885,690	12,415,586	76	24
1847	10,810,293	3,468,903	14,279,196	76	24
1848	10,630,698	2,675,928	13,306,626	79	21
1849	11,501,177	2,503,211	14,004,388	82	18
1850	12,020,674	2,484,390	14,505,064	83	17
1851	13,471,377	2,508,821	15,980,198	84	16
1852	13,602,750	2,527,399	16,130,149	84	16
1853	15,381,161	3,009,049	18,390,210	83	17
1854	15,770,278	2,898,809	18,669,087	84	16
1855	15,367,132	3,122,338	18,489,470	83	17
1856	17,902,998	3,686,051	21,589,049	83	17
1857	19,071,379	4,107,413	23,178,792	82	18
1858	18,759,961	4,550,020	23,309,981	81	19
1859	19,334,606	3,569,653	22,904,259	81	19
1860	20,837,918	3,851,374	24,689,292	85	15

18.

(aa)

NAVIGATION DES INDES ORIENTALES

TONNAGE DES NAVIRES ENTRÉS DANS LES PORTS DE L'INDE ANGLAISE OU QUI EN SONT SORTIS,

1841 A 1859.

ANNÉES finissant le 30 avril.	PAVILLON anglais.	MARINE de l'Inde.	PAVILLONS ÉTRANGERS.				TOTAL général.
			Américain.	Français.	Autres.	Totaux.	
1841	814,781	1,225,874	20,081	37,187	83,437	140,705	2,181,360
1842	957,711	1,292,588	26,453	50,272	90,600	167,325	2,417,624
1843	994,011	1,271,515	20,098	49,668	94,163	163,929	2,426,455
1844	1,092,889	1,248,262	21,878	45,985	89,142	157,005	2,498,156
1845	1,040,768	1,347,489	26,069	36,384	88,778	151,231	2,539,488
1846	1,121,080	1,454,420	30,384	64,684	79,578	174,646	2,749,846
1847	1,146,848	1,237,096	34,457	49,495	67,538	151,490	2,535,434
1848	1,136,210	1,400,227	41,458	64,322	70,633	176,413	2,712,850
1849	1,203,246	1,487,686	50,371	62,886	84,201	197,458	2,888,390
1850	1,298,238	1,740,131	70,217	62,596	68,110	200,923	3,239,312
1851	1,437,046	1,715,768	67,159	90,230	102,310	259,699	3,412,483
1852	1,409,986	1,767,331	68,670	101,241	105,616	275,527	3,452,844
1853 a	1,542,742	1,799,348	81,565	132,253	409,914	323,732	3,665,822
1854	1,884,043	900,757	141,557	139,924	169,290	450,771	3,235,571
1855	1,822,457	856,984	224,389	140,010	241,716	573,115	3,252,256
1856	2,166,675	1,129,574	431,976	253,172	224,809	909,957	4,206,206
1857	2,475,472	1,220,087	412,475	280,046	161,280	853,791	4,549,280
1858	3,480,029	1,284,911	396,613	334,370	263,473	994,456	5,756,396
1859	2,947,809	1,235,725	369,000	288,491	220,327	877,618	5,061,052

a A partir de 1853, le cabotage indigène n'est plus compris.

(ab)

INTERCOURSE

ENTRE L'ILE MAURICE ET LE ROYAUME-UNI (CHARGÉS ET SUR LEST),

1843 A 1860.

ANNÉES.	Par navires anglais.	Par navires étrangers.	TOTAUX.
	tonneaux.	tonneaux.	tonneaux.
1843	32,016		32,016
1844	44,799		44,799
1845	48,617		48,617
1846	59,689		59,689
1847	71,289	Néant.	71,289
1848	57,283		57,283
1849	54,467		54,467
1850	59,292		59,292
1851	54,162	1,672	55,834
1852	60,054	1,868	61,922
1853	72,547	1,103	73,650
1854	85,223	1,906	87,129
1855	77,613	3,037	80,650
1856	83,139	4,219	87,358
1857	67,415	7,502	74,917
1858	65,350	9,694	75,004
1859	79,770	6,811	86,581
1860	76,189	7,019	83,208 *

(ac)

PART DU PAVILLON

DANS LA NAVIGATION COMPARÉE DE LA FRANCE ET DE L'ANGLETERRE (PÊCHE NON COMPRISE), NAVIRES CHARGÉS, ENTRÉES ET SORTIES RÉUNIES (1858-1859-1860).

FRANCE.

ANNÉES.	NAVIGATION.	PAVILLON français.	PAVILLON ÉTRANGER du pays de provenance ou de destination.	d'autres pays.	TOTAUX.
1838	Navigation étrangère..	2,248,499	3,001,364	704,943	5,924,506
	Coloniale..	625,140	»	112	625,252
	Cabotage..	6,234,610	»	»	6,234,610
	Total général....	9,077,949	3,001,364	705,055	12,784,368
1839	Étrangère.	2,355,916	3,293,387	644,249	6,293,522
	Coloniale.	615,206	»	1,492	616,698
	Cabotage.	7,539,662	»	»	7,539,662
	Total général....	10,510,784	3,293,387	645,711	14,449,882
1860	Étrangère.	2,294,179	3,271,993	591,645	6,457,819
	Coloniale.	574,072	»	447	574,519
	Cabotage.	5,838,412	»		5,838,412
	Total général....	8,706,663	3,274,995	592,092	12,570,750

ANGLETERRE.

NAVIGATION.	PAVILLON anglais.	PAVILLON ÉTRANGER du pays de provenance ou de destination.	d'autres pays.	TOTAUX.
Navigation étrangère..	7,445,123	4,695,476	2,297,681	14,438,280
Coloniale..	3,653,952	»	652,474	4,306,426
Cabotage..	31,466,436	105,411	»	31,571,847
Total général....	42,565,511	7,751,042		50,316,553
Étrangère.	7,821,494	4,587,225	2,393,607	14,802,020
Coloniale.	3,777,661	»	738,498	4,516,159
Cabotage.	32,904,352	137,236	»	33,041,588
Total général....	44,503,204	7,856,563		52,359,767
Étrangère.	8,456,571	5,385,724	2,664,664	16,506,959
Coloniale.	3,949,224	»	668,076	4,617,297
Cabotage.	33,914,343	202,279		34,416,622
Total général....	45,020,435	8,920,743		54,940,878

(ad)

NAVIGATION COMPARÉE

DE LA FRANCE ET DE L'ANGLETERRE (PÊCHE NON COMPRISE), NAVIRES CHARGÉS, ENTRÉES ET SORTIES RÉUNIES.

1858-1859-1860.

Navigation coloniale et cabotage.

ANNÉES.	FRANCE.				ANGLETERRE.			
	Entre la France et ses colonies y compris l'Algérie.	Cabotage.	TOTAL de la navigation avec l'étranger.	TOTAL général.	Entre le Royaume-Uni et les possessions britanniques.	Cabotage.	TOTAL de la navigation avec l'étranger.	TOTAL général.
	tonneaux.	tonneaux.	tonneaux.	tonneaux.	tonneaux.	tonneaux.	tonneaux.	tonneaux.
1858	625,252	6,234,640	5,924,506	12,784,368	4,306,426	31,571,847	14,438,280	50,316,553
1859	616,698	7,539,662	6,293,522	14,449,882	4,516,159	33,041,588	14,802,020	52,359,767
1860	574,519	5,838,412	6,157,819	12,570,750	4,617,207	34,116,622	16,206,959	54,940,878

NAVIGATION COMPARÉE

(ae)

DE LA FRANCE ET DE L'ANGLETERRE (PÊCHE NON COMPRISE), NAVIRES CHARGÉS, ENTRÉES ET SORTIES RÉUNIES.

1858-1859-1860.

Navigation avec l'étranger.

ANNÉES.	FRANCE.				ANGLETERRE.		
	Entre la France et les possessions anglaises d'Europe.	Entre la France et les colonies anglaises.	Entre la France et les autres pays.	TOTAL de la navigation étrangère.	Entre le Royaume-Uni et la France.	Entre le Royaume-Uni et les autres pays.	TOTAL de la navigation étrangère.
	tonneaux.	tonneaux.	tonneaux.	tonneaux.	tonneaux.	tonneaux.	tonneaux.
1858	2,486,633	119,216	3,318,657	5,924,506	2,085,742	12,352,538	14,438,280
1859	2,685,515	120,416	3,487,889	6,293,522	2,169,891	12,682,429	14,802,020
1860	2,643,289	115,449	3,399,381	6,457,819	2,073,555	14,133,404	16,206,959

(af)   COMPOSITION DE LA MARINE MARCHANDE A VAPEUR DE L'ANGLETERRE AU 1er JANVIER 1867

Comparaison avec les années 1860, 1865 et 1867 (a)

TABLEAU DU TONNAGE DES NAVIRES

PORTS d'enregistrement.	au-dessous de 50 ton.	51 à 100	101 à 200	201 à 300	301 à 400	401 à 500	501 à 600	601 à 700	701 à 800	801 à 900	901 à 1000	1001 à 1250	1251 à 1500	1501 à 1750	1751 à 2000	2001 à 2250	2251 à 2500	2501 à 2750	2751 à 3000	au-dessus de 3000	Totaux 1867	1866	1865	1860	Augmentation	Diminution
Londres	57	125	80	46	47	44	52	65	55	44	14	22	25	19	22	16	5	2	7	7	721	705	668	516	205	»
Liverpool	44	46	106	30	23	18	48	30	47	41	3	25	28	18	42	43	4	4	4	6	424	385	328	194	230	»
Glasgow	14	42	47	37	25	14	17	24	17	11	»	10	5	»	11	11	3	»	»	2	267	239	218	150	117	»
Shields	30	101	7	5	4	»	4	4	4	4	»	4	»	»	»	»	»	»	»	»	444	131	129	124	20	»
Newcastle	58	33	5	4	»	3	2	19	8	4	3	2	»	1	»	»	»	»	»	»	439	134	120	107	32	»
Sunderland	30	22	6	10	2	8	9	10	5	6	2	4	5	1	»	»	»	»	»	»	106	98	84	68	38	»
Hull	4	13	15	5	13	8	47	40	8	4	»	4	4	»	»	»	»	»	»	»	404	96	81	70	34	»
Leith	2	19	6	5	2	4	»	8	9	6	3	2	2	»	»	»	»	»	»	»	71	62	58	44	27	»
Dublin	5	44	5	5	4	5	3	6	4	»	1	»	»	»	»	»	»	»	»	»	58	55	55	41	13	»
Southampton	3	12	5	5	4	4	2	»	2	»	1	2	4	»	»	»	»	»	»	»	50	43	39	29	21	»
Bristol	6	16	16	3	4	2	7	6	2	»	»	»	»	»	»	»	»	»	»	»	48	45	43	29	41	»
Waterford	2	3	5	4	5	2	»	5	7	»	1	»	3	2	»	»	»	»	»	»	48	43	38	33	15	»
Cork	2	14	12	5	3	»	7	5	4	4	»	2	3	»	»	»	»	»	»	»	39	38	38	28	11	»
Divers ports	102	223	82	33	36	34	28	29	16	2	2	3	»	»	2	»	»	»	»	»	590	534	502	418	172	»
Totaux au { 1867	329	630	383	480	468	440	464	217	146	47	29	75	74	43	47	44	12	7	7	45	2809					
1er janvier { 1866	279	685	362	174	153	142	159	192	122	35	29	73	63	38	47	40	7	6	9	14		2628				
1865	262	660	345	168	144	137	143	158	84	28	21	61	54	32	40	33	6	6	9	12			2401			
1860	216	557	294	153	108	110	121	73	40	15	23	38	29	49	20	28	4	4	2	5				1863		
Comparaison de 1860 à 1867. Augmentation	113	423	89	27	60	30	43	144	106	32	6	37	45	24	27	13	4	3	10	10					946	
Diminution	»	»	»	»	»	»	»	»	»	»	»	»	»	»	»	»	»	»	»	»						»

Ton. total des vap. 1867. 1,270,240
1866. 1,160,777
1865. 952,550
1860. 666,513

Aug. 1860 à 67. 603,727

(a) Ce tableau a été dressé par M. P. Lecut, Inspecteur des Messageries impériales maritimes.

(ag)

NAVIGATION

DE LA FRANCE AVEC LES PAYS FAVORISÉS PAR LE PERCEMENT

DE L'ISTHME DE SUEZ EN 1860.

PORTS DE PROVENANCE OU DE DESTINATION.		ENTRÉES.		SORTIES.		TOTAUX.	
		Nav.	Tonneaux.	Nav.	Ton.	Nav.	Ton.
Égypte....	Alexandrie.....	110	33,080	60	15,551	170	48,631
	3 autres ports..	»	»	9	1,907	9	1,907
Possess. anglaises d'Afrique.	Maurice........	41	16,620	51	19,886	92	36,506
	Port-Louis.....	9	3,719	6	2,566	15	6,285
Autres pays d'Afrique.	Mozambique...	1	173	1	202	2	375
	Zanzibar.......	9	2,500	2	886	11	3,386
	Aden..........	»	»	1	594	1	594
	Madagascar....	»	»	2	630	2	630
Indes anglaises.	Bombay........	20	9,533	6	2,111	26	11,644
	Calcutta........	20	9,891	17	8,007	37	17,898
	Madras........	12	5,764	»	»	12	5,764
	Singapore.....	9	3,935	11	4,778	20	8,713
	Port de Gale....	»	»	5	2,139	5	2,139
	Autres ports....	42	19,938	8	2,783	50	22,721
Indes hollandai- ses.	Batavia........	6	2,397	6	2,258	12	4,655
	Samarang......	4	1,701	»	»	4	1,701
	Autres ports....	4	1,805	»	»	4	1,805
Philippines	Manille........	2	784	»	»	2	784
Chine et Cochin- chine.	Canton.........	1	591	»	»	1	591
	Hong-Kong. ...	8	3,060	46	27,310	54	30,370
	Saïgon........	»	»	7	3,339	7	3,339
	Sanghaï.......	»	»	19	9,631	19	9,631
Océanie...	Melbourne.....	1	366	»	»	1	366
	Otaïti.........	1	348	3	1,221	4	1,569
	Port-Philippe...	1	270	»	»	1	270
	Sidney........	»	»	1	300	1	300
La Réunion	Saint-Denis....	113	48,040	94	37,584	207	85,624
	Saint-Pierre. '.	6	2,158	»	»	6	2,158
Madagasc.	Sainte-Marie. ..	2	726	1	229	3	955
Établissem. français dans l'Inde.	Yanaou..	11	3,979	»	»	11	3,979
	Pondichéry.....	11	3,827	4	1,508	15	5,335
		444	175,205	360	145,420	804	320,625

(ah)

NAVIGATION

DE LA FRANCE AVEC LES PAYS FAVORISÉS PAR LE PERCEMENT
DE L'ISTHME DE SUEZ EN 1865.

PORTS DE PROVENANCE ou DE DESTINATION.		ENTRÉES.		SORTIES.		TOTAUX.	
		Nav.	Tonneaux.	Nav.	Ton.	Nav.	Tonneau.
Égypte.... {	Alexandrie.....	176	92,071	244	112,207	420	204,278
	Damiette.......	3	985	»	»	3	985
	Port-Saïd......	»	»	116	33,641	116	33,641
Possession anglaise. {	Maurice.,......	53	23,303	46	17,223	99	40,526
Autres pays de l'Afrique orientale. {	Madagascar. ...	2	562	»	»	2	562
	Mozambique...	3	1,467	6	1,987	9	3,454
	Zanzibar......	6	2,896	6	2,743	12	5,639
	Autres ports. ..	»	»	2	630	2	630
Indes anglaises. {	Bimlipatten....	11	6,622	»	»	11	6,622
	Bombay........	16	11,094	11	5,312	27	16,406
	Calcutta.......	7	4,230	14	8,035	21	12,265
	Cocanada......	14	6,380	»	»	14	6,380
	Singapore......	12	4,376	8	3,075	20	7,451
	Madras........	21	10,789	4	2,080	4	2,080
	Autres ports. ..			4	1,502	25	12,291
Indes hollandaises. {	Batavia........	4	1,655	1	482	5	2,137
	Sumatra.......	3	1,392	»	»	3	1,392
	Samhaz........	»	»	1	220	1	220
Philippines	Manille........	1	488	»	»	1	488
Cochinchin	Saïgon........	»	»	29	13,650	29	13,650
Japon.	Yokohama.....	»	»	2	506	2	506
Australie. {	Melbourne.....	»	»	12	4,406	12	4,406
	Sydney........	»	»	2	811	2	811
Iles de l'Océanie. {	Otaïti.........	1	253	5	1,729	6	1,982
	Sydney-Schmith		»	2	1,201	2	1,201
Réunion {	Saint-Denis. ...	78	33,451	46	19,525	124	52,976
	Mayotte........	5	2,058	3	944	8	3,002
Madagasc. {	Sainte-Marie...	»	»	3	1,153	3	1,153
	Nossi-Bé......	»	»	1	330	1	330
Établissem français dans l'Inde {	Pondichéry.....	12	4,440	3	1,528	15	5,968
		428	208,215	571	234,920	999	443,132

19

(**ai**)

NAVIGATION

DE LA GRANDE-BRETAGNE AVEC LES PAYS FAVORISÉS PAR LE
PERCEMENT DE L'ISTHME DE SUEZ, EN 1860.

PORTS DE PROVENANCE ou DE DESTINATION.	ENTRÉES.		SORTIES.		TOTAUX.	
	Nav.	Tonneaux.	Nav.	Tonneaux.	Nav.	Tonneaux.
Java................	29	12,875	55	23,708	84	36,583
Ile Bourbon..........	1	310	1	339	2	649
Philippines...........	36	20,172	22	13,811	58	33,983
Égypte..............	320	163,467	419	185,730	739	349,197
Chine (non compris Hong-Kong)........	134	79,561	158	114,324	292	193,885
Bornéo..............	3	1,647	»	»	3	1,647
Siam...............	6	2,170	2	529	8	2,699
Perse...............	»	»	2	524	2	524
Sumatra............	1	»	»	»	1	460
Ports de la mer Rouge.	»	»	4	1,563	4	1,563
Côte orientale d'Afrique.	2	644	3	956	5	1,600
Iles de la mer du Sud..	1	296	5	2,032	6	2,328
Autres îles...........	5	2,509	5	2,382	10	4,891
Possessions britanniques						
Australie et Nouvelle-Zélande............	153	124,833	397	316,862	550	441,695
Hong-Kong..........	15	8,606	138	86,557	153	95,163
Indes et Singapore.	702	530,378	946	697,079	1,648	1,227,457
Aden...............	2	2,204	71	62,518	73	64,722
Arabie.............	7	5,231	»	»	7	5,231
Ceylan.............	84	36,254	130	57,934	214	94,188
Maurice............	119	54,415	63	28,793	182	83,208
	1,620	1,046,032	2,421	1,595,641	4,041	2,641,673

(aj)

NAVIGATION

DE LA GRANDE-BRETAGNE AVEC LES PAYS FAVORISÉS PAR LE PERCEMENT DE L'ISTHME DE SUEZ, EN 1865.

PORTS DE PROVENANCE ou DE DESTINATION.	ENTRÉES.		SORTIES.		TOTAUX.	
	Nav.	Tonneaux.	Nav.	Tonneaux.	Nav.	Tonneaux.
Hollande.. Posses. portugaises Java......	»	»	53	29,349	53	29,349
Côte orientale d'Afriq.	2	436	»	»	2	436
Philippines.............	35	23,207	26	18,055	61	41,262
Turquie... Hedjaz....	1	516	2	908	3	1,424
Égypte.... Ports sur la Médit.....	522	361,419	898	488,268	1,420	849,687
Chine. (Non compris Hong-Kong et Macao).	134	89,417	122	80,375	256	169,792
Macao....	4	2,189	»	»	4	2,189
Japon....	23	9,361	38	19,602	61	28,963
Bornéo...	4	1,226	»	»	4	1,226
Sarawak..	2	1,216	»	»	2	1,216
Siam.....	1	231	6	1,862	7	2,093
Cochinchi.	25	17,006	»	»	25	17,006
Ports de la côte orientale d'Afrique........	6	2,437	6	1,914	12	4,351
Perse....	1	346	1	346	2	692
Arabie.... Territ. de l'Iman de Mascate..	»	»	1	395	1	395
Possessions britanniques						
Australie de l'ouest.....	5	2,487	15	10,937	20	13,424
Australie du Sud.......	43	23,177	64	42,111	107	63,288
Victoria.............	55	64,087	113	128,337	168	192,424
Nouvelle-Galle du sud..	43	37,256	86	78,216	129	115,472
Queensland..........	5	3,418	53	56,612	58	60,030
Tasmanie............	11	5,889	13	5,979	24	11,868
Nouvelle-Zélande......	27	20,335	82	65,047	109	85,382
Chine..... Hong-Kong	19	14,408	62	42,848	81	57,256
Inde...... Bombay et Scinde...	229	238,806	282	283,244	511	522,050
Madras....	106	70,199	116	87,223	222	157,422
Bengale et Rangoon..	340	355,386	302	301,389	642	656,775
Singapore............	125	77,835	85	50,292	210	128,127
Ceylan..............	104	52,197	92	50,401	196	102,598
Aden................	»	»	57	54,635	57	54,635
Maurice.............	89	41,029	68	30,805	157	71,834
Natal...............	16	4,634	20	5,709	36	10,340
	1,977	1,520,167	2,663	1,934,859	4,640	3,455,026

TABLE DES MATIÈRES

FIN DE LA TABLE DES MATIÈRES.

Saint-Denis. — Typographie de A. Moulin.

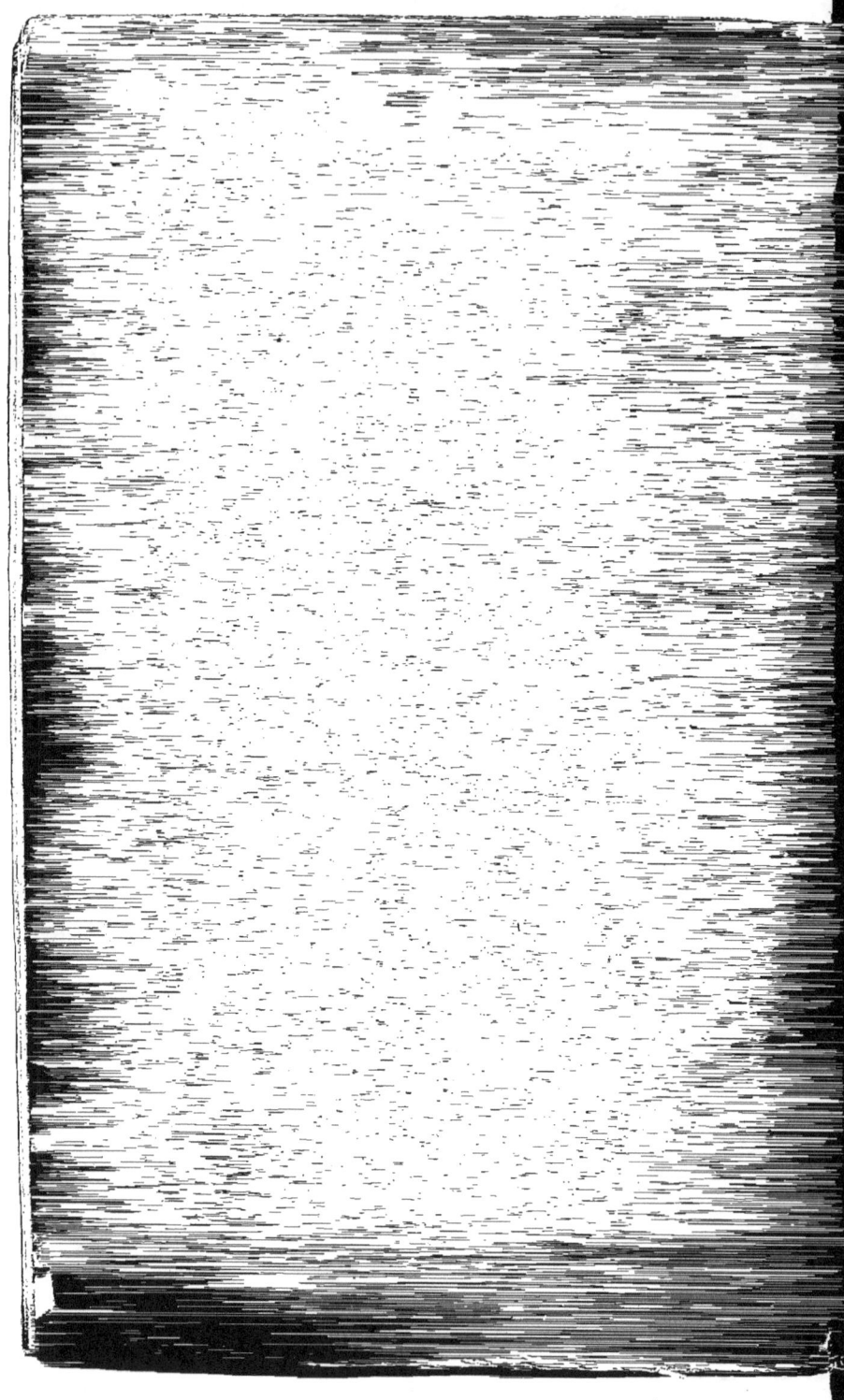

www.ingramcontent.com/pod-product-compliance
Lightning Source LLC
Chambersburg PA
CBHW070332030726
47505CB00004B/1173